刘畅 著

*Korea*

# 走读韩国

暨南大學出版社
JINAN UNIVERSITY PRESS
中国·广州

春

秋

夏

冬

# 目录

**【行在韩国】**



**【心理与文化】**

# 序言：韩国生活的“卧底者”

人生总是被看似偶然的必然所影响，我认识刘畅先生也是很偶然的。起初，通过阅读《一个村庄里的中国》，我认识了熊培云先生，并在微博上跟他聊过两句。后来熊培云先生把他的一位同事介绍给我，并说这是一位“很好学的老学者”，他，就是刘畅教授。

后来，去南开大学的时候，我有幸与刘畅先生交谈了一下午。他在韩国的水原大学中文系任教过一年，在韩国我们将他称为“交换教授”。在大学学习时，我也听过从中国来的交换教授的课程。这也是在韩国唯一能够学习纯正中文的机会。通过与他们的交流，我简略地了解了中文乃至当时对我来说还陌生的中国。我记得，我接触过的几位交换教授都对韩国充满着好奇心，并想利用这段时间来了解韩国。他们都会让家里人来韩国一起旅游。可惜的是，由于只有一年的任期，他们从人生地不熟的状态刚转到慢慢了解韩国的时候，就要回去了。于是，大多数交换教授对韩国的了解不能摆脱“走马观花”的阶段。除了偶尔去像济州岛这样出名的旅游景点之外，他们的活动范围一般不会超出首尔。

然而，刘先生可不一样。上次与他交谈的时候，我十分诧异。这位只在韩国停留过一年的老学者怎么能知道这么多地名，特别是马山、镇海、庆山等小城市。我估计大多数韩国人都没去过庆山。可是他在韩国的一年间，姑且不说首尔、水原、华城，还去过了庆山、佛国寺、内藏山、釜山、济州岛和巨济岛等。我不禁想象，如果刘先生再在韩国待一年，他去过的地方很有可能会超过我。还有，当我听到刘先生说自己对韩国的“恨文化”感兴趣时，我觉得十分意外，因为这是韩国文化的深层次内涵。更出乎我意料的是，我跟他说韩国还有“兴文化”时，他居然也了解。这都是他与学生交流时得知的。我觉得书里一个韩国学生说得恰到好处：“恨文化”是表达我们民族复杂的悲愤压抑的情绪，而“兴文化”则是表达我们热情奔放的精神，犹如一个硬币的两面。刘先生是善于沟通的人。我想，他通过与韩国友人的沟通，逐渐了解了韩国。

中国已是今非昔比，尤其是北上广等一线城市的发展令人瞩目。每当看到摩天高楼林立的陆家嘴，我感叹不已。在我看来，一个城市乃至一个国家发展总是从最显眼的地方开始的。随着经济的高速发展，中国先开始盖高楼，眼下无论是一线城市，还是诸多二线、三线城市满地都是工地。以往的韩国也是如此。不过我倒觉得，一个国家的发展程度在很大程度上取决于厕所的现状。换句话说，如果他们把厕所做得跟迎客厅没有两样，那么他们确实发展得差不多了，因为厕所往往是人们最后注意到的地方。刘先生在书里谈到韩国的厕所。韩国水原市的市长大力建设“化妆室文化”，使水原成为举世闻名的化妆室先进城市，我觉得这位市长的主意相当不错。如果一个城市连最容易忽略的厕所都搞好了，我相信其他地方就没得说。我觉得，通过一个社会的细节，我们可以判断它的性质，并且这样的小小细节通常是整个社会的缩影。刘先生就很好地从细节开始了解韩国，比如“化妆室”供应卫生纸、肥皂等便民物品，饮料店旁设有饮水机，列车员进入车厢面对旅客鞠躬，三个陌生中年男子热情给他们“马格利”饮料等等。

韩国与中国，不论是在空间距离上，还是在传统文化的距离上，都非常相近。然而目前来讲，中韩两国互相的认识度似乎不能称得上近邻的水平。我相信这本书可以帮中国读者去进一步了解韩国，并缩短他们心中中韩之间的距离。

在判别一个人是否年轻时最重要的决定因素莫过于他是否具有好奇心。刘先生是比我大 20 岁的长者，但他的心理年龄并不一定比我大。这一本书就描述了他充满着好奇心在韩国度过的一年时光。

旅行是走着的阅读，阅读是坐着的旅行。凭借读这本书，我走过了刘先生在韩国亲身经历过的一年旅途。正如书中所说的，他是一个观察韩国社会生活的“卧底者”，看了他的这本书，我觉得，韩国确实很有意思。

[韩] 金宰贤

2012 年 4 月 20 日

于上海交通大学

# 前言

本书的读者群范围很广，其中之一是新闻传播专业的师生，主要是学生们，当然还有那些对新闻写作感兴趣的人。这是因为摆在读者眼前的不仅仅是一本异地观光的散文集，还是一本有关新闻特写的参照读本。其写作的初衷，就是想在记述赴韩体验的同时为学习或有志于新闻写作者提供一种参照，一种在没有任何新闻资源的情况下“寻找”、“挖掘”的能力，一种新闻人特有的“窥视”、“卧底”的能力。之所以这样说，是因为笔者赴韩的主要任务是讲授汉语，每周11节课，几乎天天有课。且初到异国，语言既不通，活动范围也极其有限。所任教的水原大学并不如其名，它不在京畿通衢交通发达的水原市内，而是在偏远的华城市卧牛里，这一点经常造成误会。学校周边稻田环绕，菜花开，稻花香，林鸟啼啼，并时有蛙鸣，一派田园风光，农村景象。另外，前半年独自在韩，还要自己照顾自己，买菜、做饭、洗衣、出行，全需要自己操心。而我在韩国的时间只有一年，一般出国前一两个月都会遭遇“文化震荡”，需要熟悉和适应环境。据过来人说，初到异地一年，也就是水过地皮湿，了解个大概，如要深入观察，提炼出点“干货”来，至少需要两年……在这种时间、积累、阅历、语言沟通及新闻资源都很“吃紧”的情形下，如果想写出一本有点深度、反映韩国社会心理与文化的书来，可以说诸多条件根本就不具备——因为这里没有什么新闻。

但是，由于自己目前在国内的在岗专业是新闻传播学，也算是一个“新闻人”了，而新闻人的本能就是敏感、好奇、多思和手勤。从这点来说，又具备一定的条件——主观的内因条件，所谓“外因是变化的条件，内因是变化的根本，外因通过内因而起作用”。平时上课总给学生们讲，作为新闻人，思维要敏捷，手要勤，动作要快，要随时注意观察生活，要从平常的现象中挖掘和提炼出不平常的东西来……那么，目前的“困境”不正为自己提供了一个很好的实践机会吗？困难与机会，往往如影随形：初到异地，困难很多，但正因为初来乍到，对什么都有一种新鲜感、新奇感，这不正是最丰富的一种“资源”吗？在课堂上，关于新闻学、传播学的理论已经讲了很多，重要的是实践，是像一个实习生一样，从零开始，观察、记录、思考、整合、提炼……于是，一个不自量力的念头恍惚冒了出来——作为一个“新闻人”，我要写一本关于韩国的书，这本书是这样的——它要从周围细节入手，秉承“日常生活学理化，学理日常生活化”的原则，挖掘那些能够反映韩国社会心理与文化的元素；它从表象入手，但绝不停留在表面；它从细节出发，但又不止于细节；它注重学理，但又坚持从日常生活出发……

记得那时来韩甫满两周，在韩国京畿道华城市卧牛里新明小区的某一个房间里，躺在床上，对着天花板，想到了这些问题，感觉很有心得，深感“学而不思则罔”的正确——思则得之，不思则不得也。就这样躺着，想着，身体很平稳，四肢处于静止状态，思绪也就容易延伸，一个行色匆匆的人难以有真正的思考。同时也在想，思想、思绪、情感本身，无疑是世界上最自由、最“廉价”的东西之一。经商需要本钱，劳动需要工具，出行需要乘车，购物需要货币，争权夺利需要搏斗，与人打交道需要语言沟通，还要注意人际关系，有时还要看人的脸色，即使是视觉、听觉这样的行为，也需要“动用”眼睛和耳朵。而思考完全可以在任何时间、任何地点进行，可以闭上眼睛进行，没有视觉，没有听觉，四肢不动，都不要紧，要紧的是你真正“想到了”，哎，思考真好……“思考真好”的另一层含义是，它解决了我目前的“资源匮乏”问题。没有资源不要紧，只要有大脑就行，思考就是最大的资源，选题是“想”出来的，文章是“写”出来的。这样想了一会儿，不由信心倍增，无意中发现这短短的二十几分钟里，竟有了三点收获：一是确定了要写一本书；二是这本书要侧重于挖掘韩国社会的日常心理、文化；三是它要从具体的生活细节和自己的实际观感出发，而不是从已有的观念和别人的印象出发。这三点都很重要——第一点确定了我在韩业余生活的主要内容，使自己在韩国一年十分有限的时间里，有一个切实的目标，时刻清楚自己要干什么；第二点确定了这本书的层次，即尽量挖掘那些表象背后有深度的内容；第三点则确定了这本书的纪实风格，使其具有一定的新闻传播学实践的参照意义。

当然，促成写作此书还有一个因素——《韩国生活》杂志。《无中生有：新闻人是生活的“卧底者”》，是我在韩国首尔一次讲座的题目，听众就是《韩国生活》中文杂志社的编辑和记者们。由于自己在国内讲授有关新闻媒体的课程，所以来韩国之后，对媒体比较敏感。由于一个偶然的机会，我与《韩国生活》结缘，并接受了编辑部长徐娅的一个“硬”任务——为该刊提供专栏文章。《韩国生活》是半月刊，我在韩国的时间大约一年，也就是说如开设专栏，就要写24篇有关韩国的文章，而这个数字恰好基本构成一本书的容量。面对这一任务时，我来韩尚不满月，“阅历”既浅，积累亦薄，能否完成“任务”，心里很没底。深知专栏一开，就要按时供稿，不能间断，否则会影响杂志的运作。开始犹豫不决，最后应承下来，既是因为有了前面的思考，也想给自己一种压力，激发自己的潜能并挑战极限，所以也就有了其后一系列的文章。

换言之，我是以一种“卧底者”的心态来接受这个“任务”的。以前在学校授课也提到过这个话题，但那多半是成型的理论和别人的经验，可这一次有《韩国生活》的“压力”，我要自己实践一次“新闻人是生活的‘卧底者’”的过程，亲身体验一次新闻人“双重身份”的独特生活。其实，当时也朦胧地感觉到这个过程本身就是一次极好的锻炼机会：韩国“阅历”浅，更会有一种新奇感；积累不厚，更会刺激和提高“挖掘”、“提炼”、“整合”的能力……总之，要变被动为主动，变压力为动力。

所谓“卧底者”是一个形象的比喻，是想说明合格的新闻人是以一种双重身份进入生活的；一方面，他有自己本身的生活；另一方面，他还有“观察”、“窥视”别人生活的任务。如德国影片《窃听风暴》，英文名为*The Lives of Others*，直译应为《别样生活》、《别人的生活》；译成《窃听风暴》，并未传达出原题的神韵。《窃听风暴》以窃听者维斯勒上尉为典型，用视觉语言细腻地展示了心理的“柏林墙”倒塌的全过程。作为东德“斯塔西”这个世界上最强大的情报机构中的一员，他十分“敬业”，忠于职守，他有着深陷的眼窝，脸部线条总是那样僵硬，他面无表情地注视着这个世界，除了“工作”——监听他人的生活——之外没有自己的任何私生活和乐趣。围绕着他的世界是灰色调的，看不到任何“活”的生命迹象，呆板、单调、乏味、无趣，这反映在他周围的陈设十分简单，色彩总是那样暗淡，就连他吃的饭食也是那样单调而“朴素”。但是他有坚定的“理想”，即“坚定不移地做党的强盾与利剑”，他坚信自己工作的价值，换言之，他心中耸立着一座高高的“柏林墙”。而这堵“柏林墙”恰恰是在他“执行任务”的监听过程中缓缓倒塌了。*The Lives of Others*，至少说明两点：第一，窃听者没有自己的生活，他们关注的就是别人——被窃听者——的生活；第二，别人——被窃听者——的生活构成了窃听者本人的生活内容。实际上，从观察生活的积极意义而言，借鉴《窃听风暴》的故事情节，新闻人就是生活的“窥视者”和“窃听者”，或是“卧底者”。

一般而言，一个新闻人面对报道和写作对象时，无非有两种情况：有中生有与无中生有。所谓“有中生有”是说，你报道的对象十分具体，确实有一个事件的“实体”存在，如一次祭孔活动、一次中韩学者联谊会、一次韩国学生汉语大奖赛等等，你的任务就是把这次活动“忠实”地记录下来，展示给读者。所谓“无中生有”是说，当你进入一个陌生的社会环境，你遇到的有写作价值的“事件”十分有限，并没有许多具体的事件在“等着”你去报道，你感觉每天遇到的都是一些琐屑的、重复的、缺乏深度的“场景”和“细节”，构不成一篇文章的内容。这时候，启动“无中生有”就十分重要了，是体现一个新闻人“卧底者”本领的大好时机。在此，“卧底”和“无中生有”，一而二，二而一，息息相关。当然，在这种“没有什么新闻线索”的情况下，要写出“东西”来，也还有两种情况：一是从一个新奇、独特的视角审视熟知的题材；二是从散碎、常见的细节中提炼出新的“选题”。

就第一种情况来说，即从一种新奇的视角审视已知的、熟悉的材料，这方面的高手之一是罗森塔尔，其代表作《奥斯维辛没有什么新闻》曾荣获普利策新闻特写奖。其题目就很独特——这里没有什么新闻，这与我遭遇的情况很相似。文章开头便写道“今天，在奥斯维辛，并没有可供报道的新闻”或者“在奥斯维辛，没有新鲜东西可供报道”。但作者马上就敏锐地捕捉到了自己独特的切入点——和平与恐怖的反差："在布热津卡，不知怎么，最令人毛骨悚然的是，在这里，太阳和煦、明亮，一排排高大的白杨树长势喜人，在门前不远的草地上，还有儿童在嬉笑、打闹。这真像是一场噩梦，一切都可怕地颠倒了。在布热津卡，本来不该有太阳照耀，不该有光亮，不该有碧绿的草地，不该有孩子们的嬉笑。假若在布热津卡，从来就见不到阳光，青草枯萎凋残，那才合乎情理，因为这里是一个无法形容的恐怖地方。"杀人如麻的恐怖之所与阳光灿烂的游戏之地，这种强烈的反差触动了作者的灵感——"这里可能是世界上最可怕的旅游中心"，在大家熟知的平常中发现了不平常。所谓平常，是说围绕奥斯维辛已经没有什么新闻可供挖掘了；所谓不平常，是说基于恐怖与和平的强烈反差所形成的独特感受，又具有一定的新闻价值。恰如作者所云："人们怀着不同的目的来到这儿，有的是想看一看这里的情况是否像传说中所描绘的那样，有的是要提醒自己不要忘记这个悲剧，有的是想通过访问死难者受折磨的场所，来向他们致意。这样，奥斯威辛就没有什么新闻好报道了。但是，有一种无形的压力迫使你提起笔来。这种压力来自无法抑制的某种感情。专程到奥斯威辛来，什么也不说，什么也不写，这对于这儿的受难者来说，实在是一种不友好、十分令人痛心的行为。"下面作者一一描述了自己参观过程中的所见所感，如"在布热津卡，德国人撤退时破坏了的毒气室和焚尸炉的废墟上已长满了雏菊。……参观者默默地迈着步子，先是很快地望上一眼，接着，当他的脑海中浮现出牢房、毒气室、地牢和刑房时，脚步就逐渐放慢，简直是在地上拖着走。……许多参观者目瞪口呆地盯着毒气室和焚尸炉，因为他们觉得这一切都不可思议。当他们看到玻璃窗后堆积得像小山似的头发，看到一堆堆婴孩的小鞋，看到一排排堆放着被窒息而死的人的尸体的砖房时，不禁毛骨悚然、不寒而栗。一位参观者突然张开大口，差不多叫出声来。……参观者恳求似的你望着我，我望着你，然后对导游讲道：'够了。'"结尾处，作者仍然平静地说："奥斯威辛没有什么新东西可以报道。这里天气晴朗，树木青青，门前还有儿童在打闹、嬉戏。"这是典型的"温故知新"，或是"以旧为新"式的"无中生有"。

我遇到的，则属于第二种情况——从散碎的材料中"无中生有"。因为来韩时间短，交往范围狭窄，所谓“阅历既浅、积累亦薄”。如果“等着”事件来找你，一年内24篇专栏文章是难以完成的，除了授课之外，一年内身边不会有24个事件发生。除此之外，还有一个更大的不利因素，因为中韩两国距离太近，韩国文化与中国文化具有较高的同质性，来过韩国的中国人又很多，中国人对韩国很熟悉，该写的差不多都被人写了，创新型的“写作空间”已经被压缩得很小了。在此情境下，只有主动出击，你去找“事件”，甚至“制造”事件，无中生有，从一般的、常见的、散碎的信息和资料里面挖掘、提炼、整合出有价值的选题。

之所以说“无中生有”更需要一种“卧底者”的眼光，是因为人们容易忽略一般的、常见的信息，恰如美国女作家海伦·凯勒所说：“我担心同样的慵懒也表现在我们所有的感官能力上。只有聋者才珍视听觉，只有盲人才理解视觉是所有福祉的源泉。这一判断特别适用于那些在成年之后丧失视力和听觉的人。而那些视力和听觉从未遭受过损害的人则很少能充分利用这些神圣的官能。他们的眼睛和耳朵对所有的视力和声音反应迟钝，难以集中精力，缺乏欣赏力。司空见惯的是，我们从不懂得珍惜某物，直到失去它；从不在乎健康，直到患病不起。”在海伦看来，每天常见的“场景”由于具有重复性，所以很容易为人们所忽略，她举例说：“我不时地测试我那些视力正常的朋友，问他们究竟看到了什么。最近一个好朋友来探望我，她刚刚从森林中远足而归，我问她都看到了什么，‘没什么特别的’，她回答。如果不是已经习惯了这样的回答，我当然不信她的话。长久以来，我就深信不疑：视者实盲。”无独有偶，我也曾问过一位去首尔的朋友，问他看见了什么，答曰：除了看见了很多人，人挤人，别的没看见什么。

24篇文章顺利地完成了，细思其中的关键，感觉还是在每月两篇的“压力”之下找到了较为准确的思路和操作办法，这就是“卧底者”的意识和“无中生有”的方法。再进一步分析会发现，这20多篇文章中，真正属于确有其事的完整的“事件”只有一个，即《百闻一见：韩国水原中心大教堂礼拜纪实》，其他的都属于从常见的、分散的、每日接触的细节中挖掘、整合、提炼而成的选题。如《韩国：民生细节》，是从洗衣机置于阳台之上，洗手香皂状如糖葫芦，洗手间小便池上方的石头台，座椅、鱼缸、盆景三位一体，户外搬家的移动电梯等小事中整合而成的。其方法是每次出门都仔细观察，每有一见，便记录在小本子上，一次数条，几次便会有十几条，基本就可以成文了。再如《韩国：细节里的宽松与信任》，也是从化妆室供应卫生纸、肥皂、洗手液、冷热水，饮料店旁设有饮水机，列车员进入车厢面对旅客鞠躬，三个陌生中年男子热情地给我们“马格利”饮料等细节中“总结”、“提炼”出了“细节里透露出社会的宽松与信任”这一内涵。其他不赘。

这些选题形成的共同特点是：它们本身都不是作为一个“事件”或“选题”而客观存在的，而只是一些散碎的、常见的生活场景，需要你用一个“卧底”的双重身份与眼光，用“无中生有”的方法，去观察、记录、积累、挖掘、整合和提升，使之“形成”一个个有效的选题，并源源不断地“发展”成一篇篇文章。无中生有——此处所谓的“无”，就是那些本来常见的、分散的、容易被人忽略的琐事；所谓的“有”，就是经过你的思考，整合和提炼出的具有价值和意义的选题。这种训练的意义在于：如果你能从“无”中生出“有”来，那么，当你面对一个具体的真“有”——一个具体的事件和故事，驾驭起来就会轻松得多了。有无之间，虚实之际，物以貌求，心以理应。这或许能为喜爱写作的读者及有志于新闻事业的人提供一种实践的参照。

刘　畅

2011年12月

# 跨文化沟通

3



# 在韩国说英语

人在韩国行，当然要说韩语，否则寸步难行。但韩语不灵时，只好请英语先生帮忙，也可以解决一些问题，这在一上飞机时就体现了出来。登机之前已经出关，此时理论上已经离开了中国国土，进入韩国，这一“出境事实”很快就体现了出来。我的邻座是一个来天津办事的韩国人——姜秉周先生，其职务是韩星株式会社不定期船部课长。姜先生由于要经常来中国出差办事，需要学习有关商务方面的汉语；我是第一次来韩国，需要学习一些简单的韩语。可我的韩语七窍只通六窍，他对汉语也只是略知一二，但我们的英语都还行，于是互换名片之后，英语就成了我们沟通的桥梁。他利用英语告诉了我韩语的基本构成，并把14个字音和10个母音写在我的笔记本上，还应我的要求，用英文和韩文写出了“你好”、“谢谢”、“再见”、“对不起”、“多少钱”、“公交车站”、“地铁”等简单词句，当场一个一个地教我，并纠正我的发音。我也应他的要求，教了他几句简单的汉语商务会话。当然，这其中都需要用英语作为辅助，有英语的帮助，沟通与“讲授”变得简单而有效率。从天津飞往仁川的一个多小时的航程，很快就在学习外语中轻松度过。离别时，我既认真又半开玩笑地说：“姜先生，你是我的第一位韩语老师。”他答曰：“是吗？我很自豪……”

到了仁川机场，最迫切的事情是出境、提取行李。仁川是一个覆盖首尔、水原等地区的大型国际机场，也就是说首尔、水原等城市并无自己的本地机场。欲去这些地方，要先到仁川机场，然后乘坐地铁等公共交通工具抵达目的地。所以仁川机场出港、入境航班极多，显得十分繁忙。与我所乘坐的航班同时抵达的，还有十余次航班，而取行李处有20多个，我听不懂韩文广播，取行李时仅靠眼睛一直看不到我所乘坐的“KE806”的标志。眼看出境人流由急变缓，越来越少，情急之下，看到大韩航空公司的几个空姐迎面走来，于是上前用英语问询。空姐们面带微笑，都很耐心，了解了我的问题后，其中一位带着我一直从9号走到1号有“KE806”航班标志的取行李处。向空姐道谢之后才知道，我是从大约9号附近进入行李区的，而KE806航班的取行李处在1号，难怪看不到我所乘航班的标志。这是英语第二次帮到我。

一日课后，突然被告之，水原大学教务处处长兼国际协力处处长朴文秀先生约我见面。说突然，是因为这本不是日程中的安排。我最担心的是该用什么语言进行交流。中文系罗主任说全校除了中文系之外会中文的老师很少，难道用英语吗？已近下班时分，花木掩映中的行政楼阒静无人，朴文秀先生早已在宽敞的办公室内等候。第一句问候“Nice to meet you”已经决定了交流所使用的语言，双方你来我往，用英语交流得很痛快，把语言问题完全抛在了脑后。在交流中我了解到，水原大学的理工科老师约70%有海外博士学位，朴先生是美国南加利福尼亚大学硕博连读的工学博士，新材料专业，有7年的美国留学经历，难怪英语如此流利，双方沟通没有任何障碍。此时的我真有点百感交集，因为我到水原正逢周末，网络不通、电话未装、出门满眼韩文，外出购物及与人交流全靠肢体语言，除了中文系的老师之外，与外界没有任何交流。周日大雨，整日没出门，也就一天没有说一句话，和外界没有任何信息沟通。平时常给学生讲的一个传播学的概念——“感官剥夺”，现在自己亲自体验；同时又涉及传播学的另一个概念——“人内沟通”，也就是自己和自己对话、讨论、商议、处理一些问题。短短几天，对这两个概念又有了新的体验，恰恰应了那句名言——“理解的东西我们不能立刻感觉它，只有感觉到了的东西才能更加深刻地理解它”，诚哉斯言。我们交谈了大约有20分钟，时间虽短，却是无所不谈。朴文秀先生说这是他近来较少的、较为完整的英语会话，因为对他而言，一般交流都用韩语，说英语的机会不多。而我则对他说，这是我赴韩之后最痛快淋漓的一次英语对话，不仅仅是因为语言，还因为沟通的话题和内容。这时才感到，尽管在韩国，英语还是有用的。

进入实际的韩国生活中，这种感觉更为明显。人在韩国，人生地不熟的，问路的频率较高，而在本人韩语不灵、对方汉语又不通的情况下，英语就成为一种语言沟通意义上的“一般等价物”，起到了桥梁的作用。一次，称得上是“emergency”了。那次是陪朋友李君到温阳温泉游玩，朋友来自岭南大学的庆山，当日要坐车从水原返回，已经买好了返程票。也就是说，我们结束在温阳温泉的游玩后，要先坐 1 号线返回水原站，然后李君从水原返回庆山。我们预留了 110 分钟从温阳温泉返回水原站，但没有料到的是，在温阳温泉竟然等了大约 40 分钟车才来，也就是说，再从水原返回庆山的计划不能实现了，因为按照目前的时间不能如期返回水原了。于是赶紧拿出地图，看到从水原发出的火车正好途经我们返回水原的几个站点，也就是说，我们只要在某一站点下车，便不用再去水原坐车，这样可以节省大量时间。再细看，火车在乌山、平泽、天安均有站点，但此时天安、平泽已过，只有乌山可下了。于是决定在乌山下车，但到乌山站一问，火车并不在乌山停靠，而是要到我们已经经过的平泽才停。用英语询问，售票员看了看火车和地铁的时刻表，发现有一班地铁可在火车之前到达平泽，于是建议我们赶紧乘坐地铁再回平泽，以便赶上火车，于是我们又急急忙忙赶回平泽，到后，又赶紧用英语问车站服务员火车在几号站台停靠，答曰 3、4 号站台，而此时距离火车抵达的时间只有 3 分钟了，于是一路飞奔至站台，等了也就是 1 分多钟，火车长鸣呼啸按时而至。此时此刻，出于事件的惊险、紧迫和我们的步步判断准确而最后成功，我们两人紧紧抱在一起，只能用肢体语言庆贺这几乎不太可能的“大逆转”——其中，只要有一个环节出一点差错，耽误一点时间，都有可能赶不上这趟车了。而这期间的复杂沟通，我们用的都是英语，且几乎没有任何差错，这全得益于韩国车站服务人员的英语水平——不能说很高，但关键之词，如“station”、“gate”、“train”、“metro”、“no time”、“catch”、“on time”

等，对方基本能够听懂，而正是听懂了这几个关键词，才解决了我们当时最为棘手的问题。

以上是比较典型的“英语救急”的个案，其他零零星星、点点滴滴用英语所解决的日常问题，更是不计其数了。在首尔，在水原，在华城，在庆山，在佛国寺，在内藏山，在釜山，在济州岛，还有巨济岛……举凡出行、问路、中转、购物、参加学术会议、与人沟通，发现在韩国说英语的机会很多，且能解决许多实际问题，这确实也反映出一个社会的英语水平和开放程度。

但这里的所谓英语普及程度，只是就一般水平而言，实际上，从我所接触的本科生、研究生来看，能进行正常沟通的很少；而据中文系的老师说，从中国来这里的交换学生英语水平普遍较高，能进行正常沟通和日常会话，给人留下深刻印象。这样粗略的印象虽不全面，笔者也没有进行更大规模的调查，但仅就本科生和研究生的英语水平而论，中韩还是有一定差异的。据说，韩国人发音不好是因为韩语发音特点造成的。韩语发音大都和日语比较相似，口型比较小，缺乏声调变化，比较单调，发音元素少。喜欢用嗓音变化来表达感情，不太习惯使用腹腔说话。另外他们太习惯用韩文字母来代替英文音标的发音。所以听普通韩国人说英语感觉有三：一是用嘴巴说话，没有共鸣和立体感；二是发音不准确，来自韩文字母的发音因素太多；三是他们习惯用韩国人表达感情的方式来表达英语，看表情就容易看出是韩国人。

韩国人之于英语，堪称“狂热”。韩国从小学三年级起就开英语课。在就业市场上，英语实力成为就业的必备条件，在升职和确定年薪时，反映英语能力的职业占 70%～80%。在韩国社会，有个词叫“English Division”（英语鸿沟），指英语实力差距决定一个人能否出人头地、决定人们收入差距的社会现象。过去的 20 多年里，韩国社会掀起了疯狂的英语学习热潮，一直延续至今。一个家庭的经济收入水平造就了子女之间的英语能力差距，而英语差距又造成贫富差距，因此助长了低龄留学和课外英语教育热。尤其是 2006 年原韩国外交通商部长官潘基文当选联合国秘书长后，在韩国社会中出现了“潘基文效应”，希望当上外交官和国际机构职员的人数不断增加。韩国一家英语补习班的负责人表示："看到潘基文秘书长经常出现在电视上，以流利的英语发表演说，学生们都认真参与英语讨论。"学生金佳云说："要想成为像潘基文秘书长那样的人，不仅要提高英语会话能力，还应该具备英语表达能力。"据说，潘基文就任联合国秘书长以后，该补习班讨论课的听课人数增加了两倍以上，甚至有几十人在外面排队等候听课。

金善贞，首尔市的一个普通市民，怀孕 6 周的她每天都是读着英语迎接新的一天。她平时听网络胎教英语课，周末上教堂用英语做礼拜。据韩国《朝鲜日报》报道，首尔英语胎教公司有 10 多家。许多公司成立不到一年会员就超过 5 万人。10 万多韩元（1 万韩元约合人民币 61 元）一套的英语胎教童话也卖得很火，英语在韩国幼儿园也成了"必修课"。一个月花 75 万韩元送女儿上英语幼儿园的郑女士说："以前不教英语的公立幼儿园现在也被迫开始教幼儿英语，就连美术、体育等补习学校如果没有以英语为母语的人教课，也会受到父母们的冷落。"据媒体报道，一些韩国父母甚至不惜把孩子伪装成在海外被收养，送到美国上幼儿园。不过，这样做是否有效却让许多人质疑。家庭主妇林贵男说："我两个儿子上的都是英语幼儿园，现在除了会几个英语单词外，似乎效果并不明显。"

据悉，仅在 2006 年，韩国在英语教育方面就投入了 15 万亿韩元，相当于韩国当年国内生产总值（GDP）的 2%，合当年韩国教育预算 30.1 万亿韩元的 47.5%。需要指出的是，这 15 万亿韩元中，绝大部分（14.3 万亿韩元）是学生家庭投入的课外辅导费。还有一部分是用于添置设备，如"机器人英语教师"。据报道，2010 年 12 月 27 日上午 11 时 50 分，在大邱市鹤亭洞鹤亭小学的"英语区"，该小学的 8 名小朋友跟着老师大声朗读"family"、"monster"、"baby"……在听到"I love my sister"时，学生们回答"I love my family"。负责教授孩子们英语的老师是机器人"EngKey"（English 和 Key 的合成词）。EngKey 叫着"Christina"、"Tom"等名字，把位置挪到孩子们前面，同时进行授课。这是知识经济部、大邱市、大邱市教育厅耗资 158 700 万韩元将 29 台机器人运用于教学的示范项目。EngKey 是由知识经济部"知识经济境界智能机器人项目"的主管机构——韩国科学技术研究院（KIST）开发研制的，2009 年 12 月在庆尚南道马山的合浦、虎溪小学进行了示范运营，是整合了发音教育和原始视频教育机能的一体型机器人。该机器人最近在《时代周刊》中被选为“2010年世界50大优秀发明”，备受世界瞩目，韩国社会对此反应积极。负责课后教授英语的李恩宿（音，41岁，女）教师表示：“同远程教师直接指导没有什么区别”，“它们的发音准确，对孩子们的英语教育有很大帮助。”预计如果将智能机器人项目团配置到远程教师工作不好开展的农村地区，会取得很大成效。EngKey可以消除英语教育的地区性差距。机器人还可以诱发学生们的兴趣，使学生们能够热衷于英语学习，但也存在需要解决的问题。EngKey的价格很贵，达到了每台1 000万韩元，而且还需要扩展能够识别学生们说的句子的功能。（洪权三：《机器人英语教师首次亮相大邱鹤亭小学》，韩国《中央日报》中文网，http://cn.joins.com，2010年12月28日）

然而，尽管投入了这样庞大的资金，从整体上看，韩国人的英语水平却不甚理想。瑞士洛桑国际管理发展学院（IMD）评价说，在61个国家中，韩国人的外语能力排名第35位。另据资料说，韩国是在亚洲主要12个国家中英语沟通最难的国家。很多韩国人即使在国内获得了博士学位也因英语会话能力差而无法在海外尽情发挥。韩国民众都异口同声地将这种尴尬归咎于现行的韩国英语教育体制，认为正是这种失败的制度培育了大批所谓的“英语难民”，从小学三年级起到高中毕业，学生们虽然学习了10年的英语，但是难以用英语与外国人沟通。于是，改革英语公共教育的呼声一浪高过一浪。李明博竞选总统时，就曾以此作为他的竞选纲领之一。李明博认为，英语在全球化时代非常重要，他承诺，国家将负起责任，加强公共英语教育，要把英语课外教育费用缩减一半。韩国媒体评论说，“李明博把英语公共教育视为必须推进的‘第二个清溪川’事业”。李明博当选总统后，幕僚们根据他的指示，设计了一个《英语公共教育正常化方案》，其核心内容是强调“用英语讲英语课”，计划在未来五年里共投入4万亿韩元（约合328亿元人民币）全面改编教育课程、教科书和教师制度。据悉，按照该计划，从2010年开始，全国所有高中将用英语进行英语课程。并引入被称为“韩国型托业考试（TOEIC）”的国家英语能力测试。改革的根本目的是，“使孩子们通过从小学到高中的义务教育也能掌握英语读写和会话”，提升他们对自身英语能力的自信，“打开耳朵能听，张开嘴巴能说英语”。

也有较为极端的例子，据韩国《京乡新闻》2010年2月20日报道，韩国蔚山科技大学宣布，将英语定为校内通用语言，今后在学校内，学生和教职工将只允许使用英语。消息一公布，即在韩国社会引发争议。据报道，蔚山科技大学解释，之所以作出上述决定有两个理由：一是“促进大学的国际化水平，消除外国教授和外国留学生的语言障碍”；二是“香港科技大学等世界名校正是因通用英语才得以迅速成长”。对此，韩国舆论指责称，学校的这一规定剥夺了学生的语言选择权，学校给出的理由也十分荒唐。要消除人数很少的外教和留学生的语言障碍，只要多配备几名翻译人员即可，香港科技大学之所以成长为世界名校也绝不仅仅是因为使用英语。蔚山科技大学的这种做法只会伤害那些占学生数量绝大多数的本国学生。

更有甚者——据悉，如今一种叫“割舌学英语”的手术在韩国大行其道。韩国民众认为韩国人因舌头下的系带过长，导致舌头无法有效伸长并灵活运动，从而在学习英语时混淆“L”与“R”的发音。为了能让孩子说一口漂亮的英语，许多韩国家长带着孩子到医院去做“舌系带切断手术”。这种手术在医学上被称作“舌小带切除术”，目的是解除“舌小带”出了问题的患者口齿不清的烦恼。具体手术过程就是通过将连接舌底部和口腔底部的“舌小带”切除半英寸左右，使舌头变得灵活自如。“割舌学英语”真的有用吗？教育专家们认为没有任何意义，而且手术给孩子心理上造成的影响更甚于身体伤害。为了阻止父母们的疯狂举动，韩国“全国人权委员会”拍摄了一部以此为主题的电影。这部名为“舌系带”的电影是韩国“全国人权委员会”出资拍摄的“如果你是我”系列电影之一。影片中，一位年轻的母亲由于担心儿子在幼儿园圣诞节话剧表演时英语发音不准，便带着儿子冲进了一家医院要做手术。小男孩自然不干，护士和年轻母亲只好将孩子硬按在手术台上。该影片的导演说，影片中采用了部分手术的真实片段。当播放到手术画面时，不少观众都闭上眼睛不敢看。导演说：“我希望观众能从中看到我们的社会是如何以前途为名，践踏自己孩子的人权的。”

了解了这些才感到，自己在韩国一路走来，用英语问路基本畅行无阻，确实得益于韩国社会对英语教育的普遍重视。当然，其整体英语水平和这种沟通确实有“多乎哉，不多也”的感觉，但这于我一个旅游者，一个“外国人”，已是足够了。“人在韩国行，英语也挺灵”，而这“挺灵”的背后，是韩国社会对英语的狂热和巨大投入。

⊙

# 跨文化沟通中慎用“有”字句

根据语法书，汉语“有”的语法功能主要有二：一是表示处所、时间上的存在，如“院子里有很多孩子”，“田野里有很多稻草垛子”；二是表示领有、拥有，如“他有许多韩国朋友”，“小王有一个幸福的家庭”，“人人都有两只手”。“有”的疑问形式以在句尾加“吗”构成，也可以用“有没有”的形式。但是用“有没有”提问时，除特殊场合外（反驳、对比、强调等），宾语前一般不用表示不确指意义的数量词语。例如：“你有没有这三种书？”（确指数量）“今年夏天我们有假期没有？”“在美国，有很多中国饭店吗？”“在美国，有没有很多中国饭店？”（不确指数量）

本来，这种句型只是表示说话人的一种疑问，并且很想知道答案。但在跨文化沟通中，这种句型却是极易引发不愉快场面的一根导火索，使用时要非常谨慎。例如在中韩交际的场合中，“中国有冰箱吗？”“中国有彩电吗？”“中国有泡菜吗？”“韩国的歌厅里有中文曲目吗？”“韩国有卖糖炒栗子的吗？”“韩国人有在外吃早点的习惯吗？”这些看似平常的句子很有可能引发一场激烈的讨论，并成为双方茶余饭后的一种谈资。其实，就发问人来讲，不排除特别想让对方释疑解惑的原始动机，但在对方看来，这里面却不无贬低甚至“攻击”的因素。上面所举的前三句，是我经常听到的中国人说韩国人不了解中国时所举的例子；而后三句，则是本人在不知深浅的情况下向韩国人所提的问题。其实，就我而言，是特别想知道这三个问题的答案的。

第一句话“韩国的歌厅里有中文曲目吗”是一次聚餐之后问的。韩国东道主邀请我去歌厅唱歌，因我刚来韩国，当然会认为有的韩国歌厅不会备有中文曲目，这本是常情，而我去了这种歌厅，就没什么可唱了。没想到此问一出，对方的情绪似乎受到了一定的“打击”，答曰：“韩国什么没有？更别说中文歌了。这儿的歌厅都有中文歌。哎，你呀，太不了解韩国了！”本来不想唱，可由于有这一句问话，于是饭后只得随之去找歌厅唱歌。既然是“都有”，那就不用选择了，看见歌厅就进。第一家是一个较小的歌厅，较为冷清，到了里面一问，说是有中文歌，但只是曲目簿上有，却放不出声音来。于是转向第二家，这家较大，里面似已爆满，其声如雷贯，与第一家的冷清形成鲜明对照，不用问，一定“有”了。于是进入歌室落座，一看曲目，还真有不少中文歌，于是点了一曲《天堂》，但不知怎的，就是唱不出在中国的感觉，屏幕上的腾格尔好像也变了模样。这时，主人拍着我的肩膀得意地说：“你看，有吧！”此时，我深感有负主人的盛情，也深感“有”字句的疑问形式是一种很敏感的句式，在跨文化交际中，尤其是对于历史上有过一些“过节”的交往双方，一定要慎用。

第二句话是“韩国有卖糖炒栗子的吗？”言时正值初秋时节，韩国栗子开始上市。每到周末的下午时分，我住的小区门口就常有一辆小卡车停在那里，满车的栗子，有剥皮的和不剥皮的两种，剥了皮的 5 000 韩元一袋。我曾买了几次，在蒸米饭的时候放在上面，米饭熟了，栗子也就香飘满室了。韩国的栗子个大肉足，刚蒸出来的，其外稍白，其内金黄，很好吃。但吃久了，就很想念中国的糖炒栗子，而此时正是天津满街栗子飘香的季节。由于过于想念中国的糖炒栗子，在某个场合就忍不住问了一位韩国人一句：“韩国有卖糖炒栗子的吗？”不料原本还算轻松的气氛立刻凝重起来，对方虽然没有说什么，但我明显感到气氛已经不对了，后来一琢磨，还是“有”字句的疑问形式惹的祸。如前所述，从语法意义上，“有”字句主要表达两种意思，一是表示存在，二是表示拥有、领有；在此，“韩国有卖糖炒栗子的吗”这句话，明显是属于表示客观“存在”意义上的

“有没有”，而没有任何其他含义。但是在特定语境下，却使这位韩国人深感不快。此时，这种表示存在的“有”已经悄悄转移成了表示自尊的“有”了。过了一会儿，他回答道：“糖炒栗子，韩国肯定有，过几天我拿来给你看。”但后来他便不见踪影，当然也就没有糖炒栗子的踪影了。直到写作本书之际，我还是不确定韩国是否有糖炒栗子，也不敢再问，因为这种句型是很敏感的，不要轻易问。但无意中上网一搜，还真有我的心理同盟——“这个季节正好是吃栗子的好时候，我是个超级爱栗子的人，在国内的时候一次总要买上 10 元的糖炒栗子，现在在韩国，栗子是有了，但是没人糖炒啊，我只有自己上了。”此文是一位名叫琳琳的女孩在新浪博客上发表的，其名为“琳琳在韩国——一个人的日子”。不料这一搜，还搜出了如何制作“家庭版糖炒栗子”的方法。按照琳琳的传授，决定一会儿就去买栗子和砂糖，聊补眼前无糖炒栗子之遗憾。看来，真有点“因祸得福”呀！

第三句话是“韩国人有在外吃早点的习惯吗？”说这句话，是在一次会议的早餐桌子上，同桌有中国人、韩国人以及已在韩国定居的中国人。一边吃早点，一边自然就聊起了中国各地早点的情况，上海的、广东的，我自然要提到天津的早点有老豆腐、锅巴菜、云吞、豆浆、炸果子等。于是一句“韩国人有在外吃早点的习惯吗”就顺口而出，不料这种“有”字句的疑问形式又惹了“祸”。有一位已经定居韩国多年的人士说道：“各国人都有选择如何吃的自由，你吃你的，我吃我的，不必攀比。”其实，我是真的想知道韩国人吃早点的情况，例如在外吃的比例有多大？都有什么花样？最好吃的是什么？我也想去尝一尝呀，这里并无攀比或贬低之意。当然，这位同志的话很在理，但其中的不满已显而易见了。只是，和糖炒栗子一样，直到今天我也不知道韩国人是否在外吃早点，早点的主流品种是什么。

从语法角度，“韩国的歌厅里有中文曲目吗？”“韩国有卖糖炒栗子的吗？”“韩国人有在外吃早点的习惯吗？”只是最普通的“有”字句的疑问形式，它表达的是发问人的疑问和想了解的心情。但在比较敏感的跨文化沟通的语境下，这种表示存在的“有”已经悄悄转移成了表示自尊的“有”。即，“有没有”不是一个客观存在的问题，而是一个是否“伤自尊”的问题。因此，建议语法书在讲到“有字句”时，应讲清其除了表示“存在”和“领有”之外，还有一种特殊的含义，即表达“自尊”意义上的“有”或“有没有”。由此，我还想到：应该大致梳理一下跨文化沟通中的敏感词汇表。如果有这种表的话，“有字句”的疑问形式或许是名列前茅的。

# 韩国人对华印象：态度与行为之差

来韩一月后，翻阅韩国唯一的一家中文杂志《韩国生活新闻》，看到这样一则消息：

2010年上半年，国家社科基金青年项目“韩国人心目中的中国形象”课题组，与韩国庆熙大学社会学系黄承渊教授合作，委托韩国一家咨询公司(应该公司要求隐去其名称)实施了一项名为“韩国人心目中的中国形象”的民意调查，该项调查针对韩国普通国民共发放问卷1 000份。课题组选择了5组人群作为调查对象：20～25岁的男女大学生一组、25～35岁的男女韩国人一组、31～40岁的男女就业者一组、41～50岁就业者一组、51～55岁的男性就业者一组。受访者学历都在本科及以上，他们不懂中文，大部分没有来过中国，他们对中国的观点在韩国国民中具有代表性。在主持人的引导下，受访者就某个特定的问题进行深入讨论，对中国文化、社会、经济、政治、中国人、中国崛起以及中韩政治经济关系分别进行了评价。调查结果显示，韩国人对中国以及中国人印象总体较为负面。比如受访者的“中国联想”中，负面联想占48%，中性联想占27%，正面联想只占25%。

由于来韩前没看到这样的信息，所以我这一个月来，没有带着任何先入为主的“提防”心态与韩国人打交道。就我个人而言，在国内并没有受到“非韩”思潮的左右，我对韩国社会及其民众充满善意和好感，并以此作为我的“外交心理和行为的起点”。因此近一个月来，我丝毫感觉不到上述报告中“韩国人心目中的中国形象多为负面”的冷漠与敌意。相反，我所接触的韩国学生和民众，绝大多数对我这个中国人都十分友好和热情，提供了很多帮助。我作为一名普通的教师，融入韩国民众的大海，如沧海一粟，普通得很。我对韩语一窍不通，所以一张口中国人的身份即暴露无遗；而刚到此地，虽说有韩国老师和学生帮忙，但他们也总不能如影随形，好多事还要我自己去办，尤其是外出购物、观光之类。但是我的感觉是，韩国的学生和民众有问必答，有事必助。如果说学生尊重我，帮助我，请我吃饭，送我韩式中秋月饼，是因为我是老师，有求于我，那么韩国普通民众则没有这层顾虑和利害所在。如果说上述报告所得出的结论是“韩国人心目中的中国形象多为负面”的话，这应该在日常生活中体现出来，他们完全可以冷漠对之。或者说，有些事他们完全可以做，也可以不做，以体现这种“负面”。但事实并非如此。

我曾提到，在赴韩飞机上，我邻座的一个韩国人主动帮助我学习韩语，被我称为我的第一位韩语老师；在仁川国际机场，大韩航空公司的空姐帮助我找到取行李处。如果说他们经常接触国际人士，尤其常与中国人打交道，那么，纯粹本土的、没有到过中国的韩国人当有说服力了吧？一次，我办公室的门锁开启不便，每次钥匙伸入之后嘎吱嘎吱作响，我觉得要向孔里注入一点油，润滑一下即可，于是向较为年长的韩国门卫先生说明了这件事，他大概明白我的意思，但他示意说目前没有，我做手势说那就算了。几天后，我已经忘记了这件事，没想到在我备课之际，他拿着油壶敲门，并向锁孔里喷了一点油。果然，再开门时润滑得很，十分顺畅。我感激之余，赶紧道谢。此本小事，却反映出一个普通韩国人对中国人的印象和态度。如果说上述几位韩国人还不具有“代表性”的话，那么，一月内我几次出门，在水原、首尔、温阳、军浦等地咨询、问路，接触了不少普通韩国民众，他们无不热情相助。一次在水原站，一个韩国小伙子还一直把我送到我要找的地方，然后飞速离去。这一切，不仅温暖人心，而且让人感到中韩两国人民关系的和睦，并无上述报告所说的“多为负面”的痕迹。

当然，我的“调查”范围与上述报告 1 000 人、不同年龄、多层次相比还很不够。也许我遇到的属于那“25%对中国有正面联想”的韩国民众，也许问卷所涉及的属于更深的层次，但再深的东西也要在行为层面上有所表现吧？或许是我愚钝，感受不到这种“负面”和冷漠？苦思之余，觉得非要解释的话，是不是和社会心理学所说的“态度与行为的差异”还有一点联系。社会心理学认为，在人的态度与行为中，存在着某种关联性，例如魏晋名士阮籍不喜礼法之士，所以对其以“白眼”待之，而对反对礼俗之士，则以“青眼”（即黑眼珠）待之，是为“青白眼”。这里，对自己不喜欢的人施以白眼，对喜欢的人报以青眼，就是态度和行为具有关联性的古代的一个证明。但也有行为和心理不一致的，中国古代有所谓“叶公好龙”，外国的、近代的有 1934 年美国心理学家拉皮尔教授的一次参与观察式实验。其时拉皮尔教授陪伴一对中国夫妇去美国西海岸旅行，行程近一万公里，光顾了 66 家旅社、184 家餐馆，结果只遭到一次拒绝。六个月后，拉皮尔教授向这些旅社、餐馆发放了态度问卷，主要内容为：你们是否愿意接待中国客人，发放 250 份，回收 128 份，结果有93.4%表示不愿意接待。也就是说：在行为层面上，近 99%的旅社、餐馆持肯定态度，而在心理层面上，约 90%的持否定态度——在此，心理与行为发生了巨大的差异。

为何会如此？研究表明，人们在较为简单和容易区分的事情上心理和行为容易一致，而在比较复杂的问题上，心理和行为容易出现偏差。显然，由于历史和现实的诸多原因，在对华态度上，韩国人的心情和心理是复杂的、多元的、多层面的。例如，“韩国人心目中的中国形象”的调查结果表明，关于中国崛起的可能性，受访者认为中国在国际政治舞台上已经是强国，但在经济发展水平、社会制度建设、国民素质等方面仍落后于韩国。另外，受访者认为中国经济发展潜力很大，但发展不会持续下去。一位供职于大企业的男性职员说：“我们也有过经济高速增长时期。中国的经济增长早晚也会遇到瓶颈，像韩国似的。”访谈中，受访者多表示中国崛起对韩国既是威胁又是机会，当主持人具体询问中国崛起对韩国的影响时，绝大多数受访者的负面情感溢于言表。除了少数从事对华商贸工作的受访者外，其他受访者中无人乐见中国崛起。正如课题组成员、中国社科院亚太研究所董向荣副研究员所分析的，受访者主要有三种心态：一是对中国崛起感到“担忧害怕”，二是对中国经济发展感到“不服气”，三是因为感情上“讨厌”中国，所以不愿看到中国崛起。

笔者以善意和好感对待韩国社会及其民众，一如韩国民众对我。因此，此种社会心理学的分析并不是一种定性的判断，而是希望我们在思考问题时多一条思路。

19

# 伊朗教授“爱煞你”

一

认识伊朗教授 Ehsani，纯粹出于健身的需求，不想却发展成了一段友缘。

到水原大学后，依照旧日在中国每周游泳的习惯，急于找到游泳馆。可问遍了中文系的老师、学生，甚至是国际交流处的人员，都说水大附近好像没有。这也难怪，韩国大学的师生一般不住在学校附近，每天均从不同地方赶往学校，路上耗时 1～3 小时，所以对学校周围的设施都很生疏。我最后想到，体育学院的老师最有可能知道，于是就麻烦国际交流处的宋占钟主任找到了体育学院的李钟瑛教授，李教授说有一位伊朗教授每周五去学校附近的游泳馆游泳。在李教授的引荐下，我见到了这位名叫 Mohammad Ehsani 的伊朗教授。

Ehsani，高高的个子，长长的腿，头发灰白，鹰鼻凹眼，很像欧洲人。如你这样说，一开始他会认同——对，我到韩国某地，老被孩子们围着，他们以为我来自英国，要和我练习纯正的英式英语。然后，他总要很认真地纠正一下：“不是我们像欧洲人，而是欧洲人像我们，我们源于古代波斯民族，波斯民族创造了世界上第一个文明古国，然后才是埃及、玛雅和中国。还有欧洲，欧洲文明部分源于波斯文明向四外的扩散，是我们的一个分支。所以，不是我们像他们，而是他们更像我们，European after us，哈哈！”此时，他脸上总洋溢着一股民族自豪感。Ehsani 是伊朗前国家队前锋，退役后任国家队教练，后又为 FIFA（国际足联）服务。在 FIFA 的联络下，他曾去许多国家观光、旅游、任教，据他自己说多达 100 多个，“确切地说，是 103 个！”说到此，又一阵自豪掠过他那先于欧洲人的波斯型脸庞。

二

Ehsani 常说：“We Iranean are good people，我们伊朗人身材高大，鹰鼻凹眼，男性强壮而矫健，女性身材高挑而娇美。这么说吧，我走过世界很多地方，可大致说出美丽女性占其总人口的比例，日本大约是 20%，韩国嘛，30%，欧洲国家和美国大约 40%，而我们伊朗，则是高达 60%到 80%。”我对他的这一判断很是怀疑，Ehsani 马上打开电脑，让我看他的女硕士、博士研究生们，还有一些会议的合影照片，我看了看，说达不到 60%吧？Ehsani 闻听此言，马上拿出了他的“王牌”——他的前女友，目前正在法国索邦大学攻读博士研究生，确实身材高挑，双腿长如鹤立，长发飘逸，面容娇美，照片上她正站立在埃菲尔铁塔下，做出一个向前拥抱的姿态。Ehsani 说：“你看看，她想我了……”我问道，这样的比例能占多少？答曰：“30%吧，呵呵！”为何减了 30%？答曰：“因为这是我女朋友的级别，怎么可以满大街都是，对吧？不开玩笑，走在德黑兰的大街上，强壮俊美的男孩、秀丽高挑的女孩随处可见，60%绝对没有问题的。We Iranean are good people，伊朗人十分友善，喜欢与邻居交往，享受群体生活的乐趣，对陌生人很好。像中国人民一样，伊朗人民是世界上最好的人民之一。噢，对了，还有，伊朗人的英语水平较高，要远远高于韩国，伊朗的博士毕业生必须通过‘托福’测试。”Ehsani 的英语就是在伊朗国内学的，然后去了美国读硕士。他的一个朋友也是在德黑兰学的英语，现在首尔一家教育机构讲授英语。

坐落于首尔的成均馆大学附近有一家伊朗餐馆，每到周末，Ehsani 总喜欢到那里去用餐，“不仅仅是用餐，而是寻找自己的家园的感觉……”他说，这个餐馆实际上是在韩及首尔的伊朗人的集散之所，到那里后可以自由地用波斯语交流，在母语的沟通中享受“回家”的快乐。应 Ehsani 之约，我和他到那里去了一次。餐馆是一对伊朗兄弟所开，兄弟俩确实如 Ehsani 所说，强壮威猛中透着一股秀气，尤其是掌勺的弟弟，其外在形象足可以担当电影的男主角，而进进出出的均为在首尔的伊朗年轻人，也显示出相同的种族外貌特征。这时，Ehsani 笑着说：“怎么样，我没骗你吧——哈哈，这就是，我们伊朗人。”

首尔成均馆大学附近有一家伊朗餐馆。每到周末，Ehsani 总喜欢到那里去用餐，这次也拉上了我

三

和 Ehsani 的第一次行动当然是游泳。毕竟是体育教练，下池前，他总要做一些准备活动，我以前往往忽略这一点，而且不知道该做些什么。这下好了，有了老师，于是每次都跟着他做，举臂、摆臂、弯腰……很是认真，“这是让你的心脏略微加速、血液流通，身体有所准备”，Ehsani 说。进入池中，我的习惯是游到池边后要休息一下再往回游。而 Ehsani 不然，

他游的速度不是很快，但从不停歇，蛙泳、仰泳、自由泳，不时替换，尤其是仰泳时，眼睛微闭，很是享受的样子。

我们的第二次行动是打乒乓球，这是我们的国球，而 Ehsani 以前却很少涉足，据他说在伊朗不是很普及，所以握拍的机会很少。但毕竟体育项目是相通的，加上 Ehsani 大小脑均比较发达，运动智商较高，打了一段时间，Ehsani 居然可以和我有来有往，捉对厮杀，还不时有一些攻击，有时对拉长球，竟能坚持十几个回合——双方都从这种动态平衡中享受到了运动的乐趣。于是，每周我都要和 Ehsani 游一次泳，打几次乒乓球。

更重要的是，在和 Ehsani 的交往中，我养成了说英语的习惯。Ehsani 在伊朗学的英语，大学毕业后他坚持要到美国留学，在美国拿到硕士学位，后又在英国曼彻斯特大学获得博士学位，有 9 年美国、11 年英国的英语国家生活的经历。恰好我本人很喜欢英语，但在韩国又苦于没有英语环境，可没想到在找游泳伙伴时还找到了说英语的伙伴。而 Ehsani 一人在韩任教，平时很孤独，也需有人沟通。于是我们二人达成默契，一拍即合，每隔一两天都有一次较长的英语会话，话题无所不包，举凡国际形势、伊朗概况、中国社会、人生哲学、生活习惯、中东局势、伊朗前景、韩国交通、首尔地理……都在我们谈话的范围。这种谈话，不仅锻炼了语言能力，更重要的是，人是文化的天然载体，通过 Ehsani 这一个体，还了解了以前我所很少了解的伊朗民族和伊朗社会。

## 四

一天，Ehsani 把他的英文名字写下，让我翻译成汉语，我思考良久，在其旁写下了“爱煞你”三个汉字，并打趣说，那是姑娘们都喜欢他的意思。Ehsani 说：“这个意思很贴切，不是开玩笑，我走到哪里，大家都喜欢我，当然也包括姑娘们。因为我用头脑做事，以心灵待人（I treat work by mind，treat people by heart）。”我一听，还挺有哲理的，很是表示赞赏。Ehsani 略感得意，说，我们波斯民族是智慧的民族，有很多的格言警句，内含丰富的人生哲理。我说，是吗，那你再说一些，就说说你的处世态度吧。“爱煞你”开始滔滔不绝——人生很短，所以人要好好享受生活，所谓享受是身体、心理、精神三方面的。我不抽烟，喝一些啤酒，喜欢锻炼，每周去游泳，这些都是健康的生活。为了享受，就不要太在乎金钱，钱什么都不是，只是一些纸而已，这些纸应该为人服务，而不是人要为这些纸服务。所以周末要去饭馆、咖啡厅享受，谈话、唱歌、翩翩起舞……这样做的理由很简单——Past is history，future is mistory，present is a gift。只有现在是你把握得住的，只有现在是上帝给你的礼物。单身没什么不好，上帝也是单身的，呵呵！如果我有家庭，哪能去 100 多个国家。其实，好多次，我的 girl friend 都是因为我在一个地方待不满两年，而与我分手的。家是什么？我四海为家。波斯格言说，家就是享受一个月而受苦一辈子的地方，我不愿被束缚，我要自由，我可以为自由战斗，当然这种战斗不是上前线打仗——I'm a lover，not a fighter. But I will fight for what I love。但是要注意，Only stupid people fight for nothing，but violence. Professor never fight each other，only stupid people fight。我的哲学可以概括为：

God is single，
Life is short，
Money is paper，
Weekend should out.

就这样，除了锻炼伙伴之外，我还和“爱煞你”成了英语会话的伙伴和交流思想的伙伴，不仅使在韩的生活不再孤独，而且对伊朗民族和社会，对北非及中东的民生与局势有所了解。谈到伊朗社会，“爱煞你”最常说的一句话就是“Good people，bad system”，他说，伊朗人民和中国人民一样，是世界上最好的人民之一，但是我们的制度不好，整个国家被宗教极端思想所控制。注意，格言又来了——Good system makes bad people better，bad system makes good people worse。好制度能使坏人变好，坏制度能使好人变坏，伊朗的现状就是如此。

五

我问道：那么，伊朗过去三十年的教训如何？未来前途又怎样呢？Ehsani 教授沉思片刻，说，最惨痛的教训是宗教不能和权力结合，一旦二者联姻，则后患无穷，这很像西方政教合一的中世纪。这是因为一神教的宗教具有排他性，它会天然地排斥其他教派、思想和意识形态，具有极端倾向。这当然是宗教的本质特征，它没掌握权力时可以这样，那是宗教自由。但一旦掌权，情况就不一样了。因为良性权力和负责任的政府要照顾社会大多数群体的利益，也包括教派和不同的异端群体，也就是说宗教是排他的、一元的，而权力应是多元的、照顾到方方面面的利益，这是二者天然的内在矛盾，绝对不可以并存。一旦结合到一起，就是一种灾难——这就是在伊朗发生的现实。而伊朗的悲剧恰恰在于此：人民受到蒙骗，让极端排他的宗教集团掌握了政权。人民当时很难区分二者的关系。现在，伊朗人民认识到了这一点，在伊朗，宗教是否掌握权力是判断其政治体制是否健康的唯一标志，对此，不要再有什么幻想了。说到未来伊朗合理的政治体制，那就是绝对不要被宗教极端人士所控制，要坚决切断宗教、政治和权力的联系。

另外一个深刻的教训是，经济改革不等同于政治改革。二者的关系如车之两轮，鸟之两翼，缺一不可。如前所述，在片面发展经济的巴列维时代，伊朗创造了亚洲的奇迹，经济的发展不可谓不快，人民不可谓不富足。但是，没有对权力限制的政治改革，物质上、经济上的一切来得快，去得也快，现在伊朗社会还未恢复到“伊斯兰革命”前的生活水平。形象地说，近三十年，韩国和中国取得了长足的进步，而此时的伊朗却在倒退，倒退了整整 30 年呀！说到此，Ehsani 不由一声长叹。其实，巴列维的倒台是一切迷信权力的专制者或迟或早都要接受的命运。对此，在伊斯兰革命中被伊斯兰法庭处决的前首相阿米巴·胡韦达的弟弟、曾任伊朗驻联合国大使的费雷敦·胡韦达指出，根源就在于“白色革命”从一开始就拒绝民主，是一种跛脚的社会变革。他说：“在国家发展的那个阶段，国王的基本错误并不在于加快经济发展，而在于对政治自由的疏忽。1970—1972 年，物质条件改善需要与民主齐头并进。这里，国王犯了严重的判断错误，放过了一些机会。”在巴列维看来，只要牢牢抓住了权力，任何人都无法撼动他。于是忘记了自己是一个独裁者，就在政治变革上无所作为。经济改革的火箭已经跑到月球上去了，政治改革还停留在设计图纸之中。他不相信两者互为依存的关系，他相信人民吃饱了饭、过上了好日子就应该感谢他。“在我们国家里，国王是三权——行政、立法和司法——之首。”倡导“白色革命”的巴列维国王固执地认为，民主宪政只是一种西方的“地域性”制度，而不是一种现代经济制度所要求的普适的制度和价值，因此认为别人对他的种种批评，只是他人以自己的价值观念强加于人。他没有认识到，不同国家的宪政确会因历史、文化传统的不同而呈现出不同的形式和特点，但对权力的制衡、限制的基本精神却是相通的，因为人类贪婪的本性是相通的。（费雷敦·胡韦达：《伊朗国王倒台始末记》）

六

后来，看了一些资料才知道，我与“爱煞你”相遇的机缘背景之一是韩国的国际化程度。据《朝鲜日报》载，2010 年，在韩国居住的外国人突破 125 万人，入籍者也突破 10 万人。2011 年 1 月 24 日，釜山外国语大学教授罗伊成为第 10 万名加入韩国国籍的外国人。罗伊是印度人，他在 1980 年应韩国政府的邀请，作为奖学金学生到首尔大学留学，此后他与韩国女性结婚并生下两个女儿。罗伊在 31 年后成为韩国人，是因为韩国政府从 2011 年开始实行允许外国优秀人才拥有双重国籍的制度。截至 2000 年，加入韩国国籍的外国人年均仅增加 34 人，但从 2001 年开始呈现急剧增长的态势，年均入籍人数猛增至 9 800 人。在入籍者中大多数是中国同胞和与韩国男性结婚后获得韩国国籍的外国配偶。从入籍者的国籍也能看出，外国配偶人数远远多于外国人才。

韩国如此，那么中国如何呢？2011 年公布的第六次人口普查结果显示，居住在中国境内并接受普查登记的港澳台地区和外籍人士共 102 万，主要集中在北京、上海、广东、江苏等沿海发达省市。韩国人最多，其次是美国、日本和东南亚各国。18 万外国人在北京居住，其中 10 万人来自韩国。人们间或可以在国内媒体看到某国“掀起移民中国热潮”的新闻标题，然而真实情况是：自 2004 年颁布实施了《外国人在华永久居留审批管理办法》以来，仅有 1 000 人左右获得了中国“绿卡”。“国际移民占本国人口的比例，是衡量一个国家国际化程度的标准之一。”北京理工大学法学院移民法学者刘国福告诉《瞭望东方周刊》，2010 年在中国居住的出生在其他国家的人数占总人口的 0.1%，低于美国的 13.5%、日本的 1.7%，也低于印度的 0.4%和泰国的 1.7%。

修改本文之际，恰逢德黑兰发生了伊朗学生怒砸英国驻伊大使馆事件，英、德、法、荷纷纷降低或中断与伊朗的外交关系，波斯湾上空风紧云急，媒介舆论传达的信息是以英美为首的西方及以色列已经做好了军事打击伊朗的准备，于是很为远在德黑兰的“爱煞你”担心。

# 水原大学半日：童心未泯识“体游”

“体游”者，体育游戏是也，英文为 Sports Game；童心未泯者，水原大学体育学院教授李钟瑛是也，其研究及教授专业即为“体游”。

体育游戏又称活动性游戏，是游戏的一种类型。它是以跑、跳、投等身体活动为基本内容，通过一定的规则和组织形式构成的健身娱乐方式，其作用之一是通过一些令人愉快的身体活动来缓解参与者身心的压力，游戏和娱乐的元素始终贯穿其中。著名荷兰游戏理论家胡伊青加对游戏有过这样一个描述性总结：游戏是一种自愿的活动和消遣，这种活动和消遣是在某一固定的时空范围内进行的，其规则是游戏者自由接受的，但又有绝对的约束力，游戏以自身为目的而又伴有一种紧张、愉快的情感以及对它“不同于日常生活”的意识。

游戏是人的天性，体育的源头也是游戏，胡伊青加还说：“游戏比文化更古老，因为无论加以多么不充分的界定，文化总是以人类社会的存在为前提，而动物则无须人教它们也会游戏。……在接受游戏的时候，你就接受了心灵，因为无论游戏是什么，它都不是物质。即使在动物世界，游戏也超出了物质存在的范围。”它是最接近人的本质属性，尤其是孩童天性的领域，所以体育游戏与童心未泯之间有着天然的联系。结识李教授，还真的是出于“体游”之目的。刚来水原大学时，旧习难改，想找游泳之所，但人地生疏，不辨东西，问了许多师生，都不知道在哪里，这才辗转找到了信息灵通的李教授，果然是体育学院的教授，很顺利地就解决了问题。

每个刚进李教授办公室的人都会有一种走错门的感觉：这哪里是办公室，分明是一个小型的另类“体游”博物馆呀——本来宽敞明亮的空间被大大小小的体育器材填满，刚走进门就被一个大铁架子拦住，上面挂满了形形色色的跳绳，目测应过百种，但李教授立即否定了我的猜测——“呵呵，这里的跳绳有 200 多种呢……”跳绳的旁边是鸡毛毽子，颜色鲜艳，

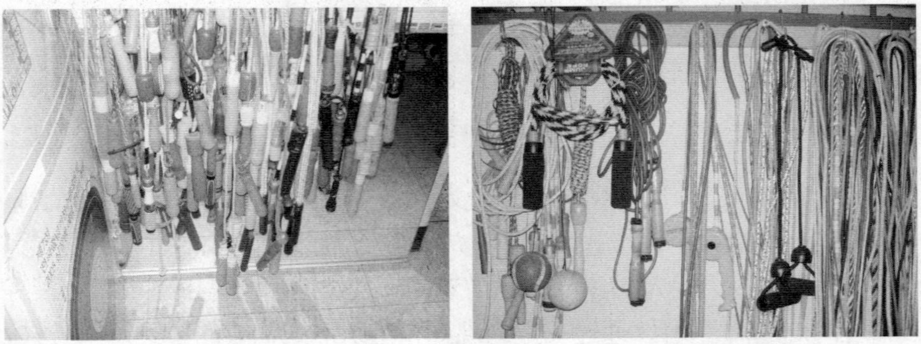

李教授的办公室被各式跳绳包围了，据说有 200 余种

翎羽高挑，像是一群群探头探脑的小鸟；勉强向左拐过弯去，还是不能直接进屋，又受到了各种各样拍子的欢迎，什么网球拍、羽毛球拍、藤球拍，还有很多叫不出名字，总之都是那种椭圆形状，大大小小的，也有几十种之多；然后又延伸变换成了保龄木桩的阵势，涂漆的与原色的，而以后者为主，高的有 1 米，矮的也就 20 厘米，在这较为狭仄的空间中，倒也给人一种“林立”的感觉；再向左拐，终于得进正室，看到了沙发，而旁边又堆满了大大小小的陀螺。李教授说，他正在搜集世界各地的陀螺，准备从体育人类学的角度写一篇学术论文。为此，他每到一处，必访陀螺，包括中国。说到这里，他灵活地弯下腰，抱起几个最大的陀螺，说：“你看，这就是从天津古文化街买的。”仔细打量，这几个足有小椰子那么大，均为木制原色，下面嵌有一尖钉，锋芒不露。此时，李教授又拿起一个如

鸡蛋大小的，嘴里说着“突尼斯，突尼斯……”原来这是一个突尼斯陀螺，外部饰有五种颜色，红红绿绿的，下部有尖钉伸出，虽锋芒毕露，却小巧秀美。

李教授的书架不仅是书籍的居所，更是各种“game”的天堂

刚刚坐定，举目四望，又看到书架上、桌椅上、搁板上、地上，到处摆满了体育游戏的用具以及工艺文物。教授屋中四壁书架一般有如“坐拥书城”，而李教授则是坐拥体育或“体游”用具之城了。屋里摆满了各种各样的木制和铁制的书架，说是书架，实际上大多被各种体育玩具所挤占，书分韩文、汉文两种，书的上面、前面点缀着各色各样与体育有关的物件，用“琳琅满目”已经不足以形容了。李教授是美国密西根大学毕业的博士，其专业是体育人类学和体育社会学，书也大多与此有关。但最能显示其专业背景的却不是书，而是那些体育用具和“体游”工艺品，它们零零散散、悠然自得地分布在书的四周，显示着主人的专业和博学。李教授英文很好，目前兼任一家国际英文学术期刊的韩国编辑，现在水原大学体育学院讲授“体育人类学原理”、“体育社会学基础”、“体育游戏的理论与实践”等理论课，实践课则有跳绳、棒球、网球、柔道等。他的业余爱好是骑马，是一所马术俱乐部的成员，据说这个俱乐部有 20 多匹马，并不定期举行赛马活动，这从他驾驶的那辆白色加长货车可以得到证明。

双方交流的语言当然是英语，但是这次交流主要用的不是口语，而是身体语言，因为李教授要向我展示他的那些“宝贝”。他先拿来一对移动木人，产自中国四川。木人底部有细线牵拴，线的另外一头绑有重物，将线头栓的重物从桌沿下垂，细线就会牵引木人前行，两个木人步调一致，姿态滑稽，看到此景，我们二人都不由笑出声来。李教授来了兴致：“看看这个，俄罗斯的木熊，也是木制的，拉动小绳，小熊就能做出打铁的动作，一下一下的。”李教授真会玩，我暗自感叹。再看这个，丹麦的钢珠迷宫，但见小小圆形木盘上，刻有多条圆形通道，由大及小，乍看上去其状如蚊香，通道之阔，恰好可容纳小小钢珠，故钢珠在通道内做圆周运动，恰如运动员在体育场的跑道上围圈跑步。每条通道均有一缺口，可容一钢珠通过，进入较小的圆圈。其规则是，圈内共有三个钢珠，全部进入最小的圆圈内为胜。这迷宫看着简单，但要让这三个钢珠都乖乖走进最小的圈内，还真不是几分钟能搞定的。我正凝神玩这迷宫，三个已经进了两个，不料眼前出现一道彩色，又极快地消失了。这又是什么呀？只见李教授手里拿着一卷纸，不断向前伸展，纸被拉长，来回伸缩不已，故有此态。原来，这是马来西亚的伸缩纸枪，短时寸许，长时尺余，伸缩自如，颇有童趣……之后，李教授又拿了日本的尖顶球、伊朗的弹弓、韩国的气象锤击打球、印尼的移动铁丝蜘蛛、博茨瓦纳的弹拨式手琴、英国的 crouet、苏丹的变形面具、克罗地亚的半自动保龄球、泰国的旋转蜻蜓、捷克的上爬猴子、马来西亚的 congkak……哎呀，真是看得人眼花缭乱。

这期间，李教授尽展其未泯的童心。他动作灵活，每种玩具都要操作一下，并亲自示范。每次展示，都伴随着愉快的笑声和对其来历的介绍，尤其是他拿起一只会发声的尼日利亚的橡皮大公鸡，一捏其肚子，就会发出酷似鸡鸣的尖叫，他就更是笑弯了腰，像个顽皮的孩子。这时，谁会想到他是三个女儿的父亲，美国密西根大学体育社会学的博士，韩国大学的教授……李教授国际交际广泛，去过许多国家，每到一地，必关注体育游戏的器件和玩具，只要认为值得，无论大小，必定购进。说到此，他又展示了在潘家园买到的石制瓷画，上有中国古代儿童百戏，古朴浑厚中又不失天真活泼。李教授很是得意，于是又展示了来自中国的物件——泥人张泥塑、四川脸谱、云南手鼓、天津快板、西安兵马俑、潍坊风筝……各国

“宝贝”组成了一个小小的“体游”用品“联合国”。17 世纪法国著名学者孟德斯鸠曾说过：“你们可以改变某个民族的法律，可以左右某个民族的命运，但是可别想碰一碰他们的游戏。”可见，体育与游戏的结合，使一个民族精神具有坚不可摧的力量。

韩国灯展以儿童游戏为题材的作品

当我惊讶于他物品之多时，李教授淡然一笑——“Here only could hold one third. I have three times of the goods in other place.”啊？原来办公室毕竟太小，只能展示他收藏的三分之一，如果都摆放在一起，那真是一个颇具规模的“体游”用具博物馆了。而这恰恰是李教授的心愿。他说自己很想开一个体育游戏的博物馆，但目前只是想法而已。出行看首尔及韩国地图，会发现许多另类的或曰非主流博物馆，如锁具博物馆、泡菜博物馆、关税博物馆、美茶博物馆、木人博物馆、刺绣博物馆、监狱博物馆……与主流的博物馆，如国立中央博物馆、国立民俗博物馆、国立艺术博物馆、战争博物馆等交相辉映，如果再添上一个“体育游戏博物馆”，无疑是对韩国博物馆事业的一个贡献。说到此，李教授不由会心一笑。

临别之际，李教授送我出门，门口挂满了跳绳，他顺手抄起一条，就在楼道里展示开了他的跳绳技艺，正跳、反跳、斜跳、侧跳，有时急，有时缓，有时还特意歇一两拍，形成鲜明的节奏感，他在停顿时，眼睛一闪一闪地看着你，然后突然启动，又跳得急如风雨……只见他目不斜视，起落自如，与他的年纪形成鲜明对照。

温阳温泉民俗博物馆内展示的韩国传统儿童游戏

走出体育学院的大门，呼吸着室外丘陵地区特有的新鲜空气，感到在水原大学的这半日过得很充实，认识了与青春同在的体育游戏，还有童心未泯的李教授。这时，不由想起了席勒在《审美书简》中说过的一句话："只有自由的人，才能够游戏；只有游戏的人，才是完全的人。"

一路走回我所住的新明公寓，又发现了"体游"场景——人间四月天，孩子都在玩……所住韩国地区属于京畿道北部，这里春寒料峭的时间持续得很长，整个三月份，树木没有一点萌发的迹象，只有在进入四月后，各种植物的枝头才被那黄的、粉的、白的略加点染，地上的绿色也蒙蒙欲动，一簇簇、一团团地向外扩展。与这种生命萌发相互呼应的是新明小区的孩子们也开始迸发活力，三两个、一群群地活跃了起来，恰像枝头萌动的春意。看那些四五岁的，六七岁的，十几岁的，男孩儿，女孩儿，都有自己的天地。大致观察了一下，孩子们玩的主要有滑板、轱辘鞋、自行车、跳房子，还有小区配套的各种健身设施，如轧轧板、荡秋千、滑滑梯、走步器等。初春的室外冷暖不定，可孩子们的小脸上都一律是那种粉扑扑的嫩红，这嫩红又被汗水打湿，透着水汽……

在韩国各地走动，发现其居民小区的建筑配套都有较为统一的规格，有四样是必备的，一是巨石堆砌所形成的围墙，二是点缀小区周围的松树及各种植物，三是小区都要预留的较为充裕的空间，四是由滑梯和健身设施组成的软材质地面游戏区域。这就为孩子们的玩耍提供了硬件条件。总说现在的孩子沉迷于电脑和各种电子设施，不喜欢户外活动，可问题是他们到哪里去玩？像新明小区这样考虑周全，设施、空间齐备，也就解决了这个问题。周围的其他小区如“I Park”、“家”等也大致相同，甚至玩耍的空间更大。仔细观察了一下，住在我所在的小区周围，无论孩子还是大人，只要想玩或是想健身，其接近运动器械或场地的时间不会超过五分钟。这种健身条件的易得性，给居民提供了一种宽松的环境，使“全民健身”不是一句空洞的口号，而是落到了实处。

新明小区儿童体育活动设施

游戏是人的本能，玩耍是孩子的天性。天性如种子，条件则如空气、土壤和温度，土壤肥沃、温度适宜、环境允许，种子自然就会发芽、生长。由此又想到，韩国以区区 5 000 万人口在亚洲乃至世界的某些体育项目上名列前茅绝非偶然，而是以较好的全民健身和体育普及为基础的。从李教授的办公室摆设，到新明小区孩子们的游戏，从水原大学所开设的体育游戏课程，到水原大学校内举行的一年一度的华城市全民马拉松健身活动，从孩子到成人对体育活动的热情和参与程度，堪称有广泛的群众基础，故其成为东亚体育强国绝非偶然。由此想到我所在的小区和城市，是否也应该借鉴一下韩国的经验，为孩子和成人的游戏、健身提供必备的硬件条件。否则，发展文明城市、全民健身就是一句大话、空话。

全民马拉松开幕式

# 社会观察

⊙

# 韩国：民生细节

没来韩国之前，对这个民族的整体印象是比较粗犷、火爆，韩国人形容自己的民族性格是“燎锅底性格”，意思是说稍微给一点火就会迅速燃烧起来，做事情绪化，很容易冲动、走极端。由此推论，必然是考虑问题简单，不会太注意细节。到了之后才发现，韩国人有粗犷、暴烈的一面，但其粗中有细，考虑问题从实际出发，以人的需求“为本”，考虑到了每一个细节，很多设计十分合理。这体现在很多方面，有些细节我还是平生第一次见到。

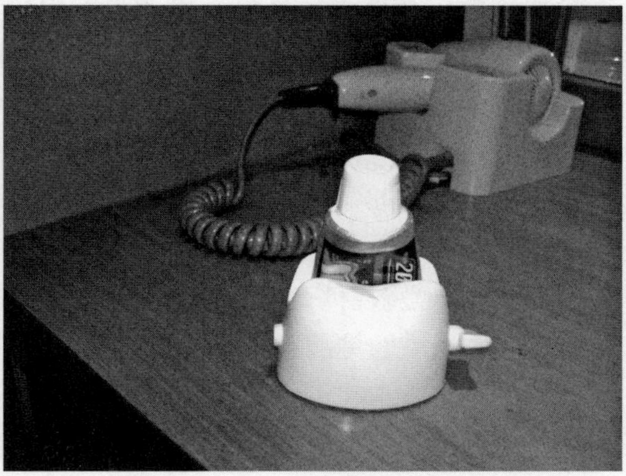

卫生间面积有限，牙膏卧放很占空间，而在一家韩国旅馆看到以竖放思路设计的牙膏器解决了这个问题

旅居国外，独自一人，最怕的就是出门忘带房间钥匙，而这里的公寓一般都设计成外锁型，即外出时必须从外面锁门才行，这就从“程序”上避免了被锁屋外，徒唤奈何。笔者几次忘记带钥匙，夺门而出，但虚掩晃动的门“提醒”你还没锁门。公寓的洗衣机安置在阳台上，阳台朝阳而宽敞，大约有 7 平方米，洗衣机置于阳台一侧，上水、下水管道安置合理，洗完衣服水自然流下，打开机盖儿，旁边正好就是晾衣竿和晾衣架。这一设计采取的是家居设计的就近原则：把半干的衣服取出，无须移动，就可以直接晾衣服。这一方便之处使我想起了在家洗衣服，一般洗衣机都设在卫生间，洗完衣服需要用一个大盆装好衣服，端着去阳台。距离虽短，但也需耗费一些体力，另外还需穿越卧室，而如果卧室里有人休息或活动，又互相妨碍。把洗衣机放在阳台则轻松地解决了这一问题，而且节省了卫生间的空间。

这里的电器一般都有声音提示功能，如洗衣机、微波炉、电冰箱等。洗衣机有提示音国内常见，但微波炉、电冰箱则不多。所住公寓内配置微波炉，每当工作完毕，总要滴滴作响，如你不理，几十秒后又是一次，直到你取出所热之物。冰箱也是，每当你取物后忘记关门，它总是滴滴作响，提醒你别忘记关上。一次，从超市买回一瓶食用油，打开盖子，见瓶口处附有一个黄色的小油嘴，原来是像在中国那样把那层薄塑料片拉起之后，这个小油嘴就可以直接安装在上面，由于油嘴出口极小，需小小用力挤压才能让油流出。这样，倒油时就自然避免了油顺瓶沿儿滴落的尴尬——因为油根本就接触不到边沿儿。说到厨事，还有一个细节，就是其厨房洗菜的下水道口是一种不锈钢制漏筛，其上又有一个带缺口的塑料圈儿。洗菜、洗碗时，水和杂物先从塑料圈下漏，杂物自然被截住，而下面的钢筛则把更为细微的杂物截留，这样的双重设计，也从“程序”上最大限度地避免了下水道堵塞。

在水原市爱敬百货商店的男洗手间里，设有洗手的香皂，其放置方式很特别：香皂就像糖葫芦一样，被穿在一根较粗的钢丝上，并且可以来回旋转，用时无须拿起香皂，稍微将其转动即可，其位置大约在水龙头的右上侧。平时使用香皂、肥皂等，最头疼的就是其老和肥皂盒黏腻不清，经常需要清洗皂盒。于是国内的卫生间里几乎没有肥皂，而是用挤压式的洗手液代替，恐怕一来是因为其“污染”太大，二来也是防止有“如厕君子”顺手牵皂。而韩式洗手皂的放置则同时解决了这两个问题。洗手之余，不由得慨叹韩国人考虑问题之细致。再说卫生间，韩国大学的男卫生间的方便之处，都有一个长长的宽约 25 厘米的石头台，可供人放置书包及携带之物，而这一小小的方便之处也恰恰是笔者在中国颇感不便的地方。

水原市爱敬百货店的男洗手间里像糖葫芦一样的香皂

出门在外，常去餐馆，烤肉是韩国饭馆的主菜之一。烤肉好吃，但其味道也会顺便“依附”全身，带出门外。于是，韩国的烤肉店一般都置有一种喷雾剂，用完餐出门前往身上一喷，异味全无。来时正值雨季，每值此期，风雨飘忽不定，雨伞带水，顾客进出商场，给商家和顾客都增添了不少麻烦。对这一尴尬，韩国商场的应对之策是在门口放置一个挤水器，中国也有伞入其中，转动把手，伞上的水自然被挤干，同时有一个白色塑料袋子自然裹住雨伞，拿在手里不会再滴水湿身。还说商场吧。某日，到京畿道水原市的爱敬百货商店观光并购物，走得累时，自然要到其中所设的座椅上休息。这里不仅座椅较多，其设计也很特别。座椅为木制，表面较为粗糙，50 厘米左右宽，3 米来长。说其特别，是因为座椅的靠背不是木头或塑料材质，而是一个玻璃鱼缸，其高矮正与椅子的靠背等齐，鱼缸里有红色、橙色的金鱼来回游动。逛商场困乏之际，看到鱼水和谐，水波荡漾，虽不说心旷神怡，但逛街时常见的疲劳此时却一扫而光。坐下来，再仔细观察，原来这不仅仅是一个“鱼缸”，还结合了盆景艺术，构成了一个座椅、鱼缸、盆景三位一体的观赏休闲之处。鱼缸内布置了许多沙石，

水原市爱敬百货商店的水草鱼缸就在座椅之后，购物歇息间亦是赏心悦目之时

其间栽种了许多植物，既有栽于沙中摇曳的水草，也有伸出缸外的吊兰，盆景中常见的中等或较大的植物，则处于鱼缸内的后部，这样前面的水和鱼，中间的沙石，后部的盆景植物，构成了一个完整的景观，购物疲惫之际，坐下来观赏一下确实既是休息又是享受。

一日，从学校回家，到所居公寓楼下时，正赶上一台类似救火升降机模样的机器向高层延伸，在国内只有消防人员救火时才有此等景观，可这会儿又没着火，如此机械究竟是在干什么呢？观察了一会儿，原来是在搬家。只见楼下有一辆中等卡车，配备电力装设，车后有操纵按钮，一人按动按钮，于是一部类似“天梯”的机械就逐节延升，直到到达“指定”楼层的阳台，上面有工人以手势指挥楼下进行微调，放平之后把要搬下来的东西摆放其上，然后楼下工人按动按钮，升降机落下，所运之物自然就放入了卡车车厢里，无须手搬肩扛，如此往复数次，就完成了国内搬家公司的工作。其实楼内本有电梯，但细思如用电梯的话，也少不了人力的搬运，既笨重，工人也累，效率还低。而天梯式“搬家”的好处在于利用了楼内电梯的发明原则——两点之间，直线最近，也可称之为“楼外电梯”，不过是可以随时移动的。观察思索之间，一户搬家工程已告结束，只见这“楼外移动电梯”又缓缓地驶向另一家楼下，看来今天其业务还比较繁忙……回到家中，不由得仔细观察所居公寓的阳台，原来这房子在建筑之前已经设计好了可以放置升降机的空间，所有阳台都有 3 ~ 4 米宽，一律敞开落地式玻璃门，外有纱门防蚊虫进入，一一拉开，就是可以放置升降机的钢制栏杆了，栏杆十分结实，早已考虑到其承载着“搬家”的重任了。我所住的公寓隶属于一群住宅楼，二十多层高，三四十座，这样密集的住宅也使“楼外移动电梯”大有用武之地。在韩国各地观光，稍加留意，就可看到这种高层住宅的结构设置都差不多，都有这种敞开式的阳台。这样，设计、建筑、“楼外移动电梯”一条龙作业，合理高效地避免了搬家中的手搬肩扛的问题。

韩国人搬家多用室外升降机，犹如消防队救火的云梯

细节是整体的一部分，一滴水也可折射阳光。细节的本质，是对人、对人的需求的尊重，民生细节尤其如此。密斯·凡·德罗是20世纪世界四位最伟大的建筑师之一，在被要求用一句最概括的话来描述他成功的原因时，他只说了五个字“魔鬼在细节”。他反复强调的是，不管你的建筑设计方案如何恢弘大气，如果对细节的把握不到位，就不能称之为一件好作品。洗衣机置于阳台之上，洗手香皂状如糖葫芦，洗手间小便池上方的石头台，座椅、鱼缸、盆景三位一体，户外搬家的移动电梯……这些日常随处可见的点点滴滴，体现出韩国人善于从人的实际需要出发，善于动脑，注重细节的特点，很值得借鉴。整体来看，中国的企业还缺少重视细节的意识。长期以来，我们处于物质匮乏的状态，与此相应的是企业粗放式的生产，很容易满足于差不多的管理，没有争取尽善尽美的意识。而且在市场发育的早期，利润空间很大，只要胆大、有想法，就有利润，不需要在细枝末

节上精益求精。但随着经济的发展、社会产品的极大丰富，人们对生活品质的要求越来越高，对产品和服务质量的要求也越来越高。这种高要求，落实到实践中，就是对细节的完美追求。可以预计，未来的市场是一种细节的市场，而韩国的这些民生细节很值得我们琢磨、学习。

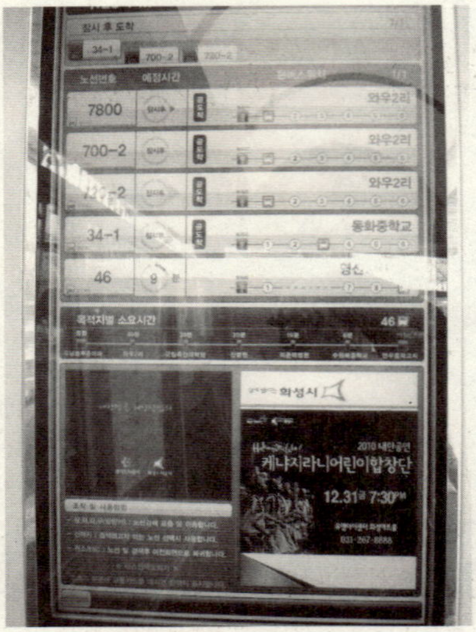


韩国公交站能显示各路公交车到达该站的准确时间，以方便等车者

# 韩国：洁净有“道”

赴韩之前，就听说这是一个透明之国、缤纷之国、洁净之国，男女老少都极爱干净。来了之后发现，这里的洁净确实名不虚传。若再仔细观察，会发现其洁净亦有“道”，也就是有其特殊的客观条件和国家、社会、民众的主观努力。这些，都渗入生活的每一个细节之中。

窃以为，衡量一个国家的文明程度和卫生标准有几项硬指标，一是街道市容，二是厕所，三是楼道，四是垃圾处理。街道是门面，是市容，是一个城市的名片，就像一个人的外貌和穿衣打扮，天天要经过，人人会见到，所以大城市的街道一般都会很干净。这一点，韩国也不例外。初来首尔，感觉其干净也就是“不过如此”，其市容和中国的城市“差不多”，有的地方甚至还不如中国的大城市。但难能可贵的是，韩国的后几项硬指标，即厕所、楼道和垃圾处理都达到了较高的水准，和街道、市容一起，构成一种“立体的洁净”。

韩国人喜洁净，卫生间、厕所一律称为“化妆室”。当然，有人会说这与其实际功能很不协调，有名实不符之嫌。但从另一个角度看，这种命名和定位就从称呼和声音形象上将其提升到一个较高的层面，使进出其中的人自然有一种亲和、舒适、易接近的感觉，也使得尽最大努力维护它、爱护它成为一种自觉。韩国的化妆室千姿百态，从外形上来说，最美观的是各种旅游景点的化妆室，注重与周围环境相协调是韩国化妆室的一大特色，它们一律随着景点的性质而“随物赋形”，或古朴，或时尚，或飞檐刺天，或画影斑驳，有的看上去就是一件文物或艺术品。凡在古老宫廷里的化妆室，其外形也仿照韩国的传统建筑风格，脊式屋顶和青瓦红砖，显得古色古香；在韩国各地的民俗村里，化妆室的房顶是用厚厚的稻草苫盖起来的，周围的矮墙上爬满了青藤，和当地过去的农宅没有什么两样；在济州岛，有的化妆室的整个墙壁全是用当地的火山岩石堆砌起来的；在江原道的雪岳山国立公园，化妆室里的壁画就是一幅气势磅礴的山水画，雪岳山云雾缭绕的千山万壑尽在画之中；在韩国的佛家寺院里，厕所还被赋予了一个禅意十足的名字——“解忧所”。这里堆起了防波堤，渔港以及贸易港开始发展了。“长承浦港”作为交易港口带动的不只是巨济岛的海上交通，物流和文化的往来也迅速地发展起来了。在这里有可以展望长承浦港口的“菱浦养芝庵雕塑公园”，还可以看到远处的“只心岛”。在韩国第二大岛巨济岛的“菱浦养芝庵雕塑公园”里，点缀在美丽海景周边的雕塑品固然吸引人眼球，但里面那个造型如蜗牛的洗手间也给人以可爱至极的感觉。

化妆室如此千姿百态，以至于一位来韩的女老师逢化妆室就拍照，立志将韩国各种形态的化妆室搜集齐备，此志可嘉也。化妆室备有专职保洁人员，这些人都很敬业，忠于职守。出入各种化妆室，常看到他（她）们忙碌的身影，一丝不苟换来的是一尘不染，地面光可鉴人的效果。化妆室并非虚词，而是有实物，间间化妆室里都有宽大的镜子，给人修整仪容提供方便，有些韩国人的化妆确实也就是在这种房间里完成的。化妆室里设施齐备，香皂、洗手液、手纸、烘手器一应俱全。有的还伴有熏香、花束、壁画，花束有塑料花，不时也可见鲜花点缀。这样的化妆室，当然不会是人人避之不及之处，反而成为舒适、方便之所。说到方便，最突出的感受就是，其室内都设有放置随身之物的平台，一般在便池的上方，有的还在洗手池对面设立一木制高凳，供人摆放书包、行李等。而这种放置物品的平台，在中国的化妆室内则很难见到。

韩国厕所最好的城市是京畿道的水原市，这儿的市长大力建设“化妆

韩国某旅游景点化妆室被叫做“解忧所”

室文化”，使水原成为举世闻名的化妆室先进城市，这位市长也被韩国人民尊称为“化妆室市长”。据介绍，这位市长曾发起了“建一流化妆室”的运动。当时，水原招标世界各地的建筑师设计了数十座高标准厕所，形状也各种各样，有的像甲壳虫，有的像蘑菇，千姿百态，水原市还为此得到联合国的奖励。如“美景盥洗室”就是韩日世界杯举办城市韩国水原为欢迎远道而来的球员和球迷而特别修建的 34 座高档公厕中的一座。借世界杯的机会让全世界的人都认识水原，当地政府可谓煞费苦心。考虑到水原的文化资源不多，最终，水原决定把“厕所文化”作为城市特色。水原的公厕随处都体现出人文关怀，无论是残疾人专用的盥洗室，还是男、女盥洗室，都非常整洁。卫生纸、洗手液、烘手机等一应俱全，便桶设有换垫圈纸的设备，只要轻轻摇动一下手柄，垫圈纸就自动换成新的。关上门，电灯自动开启，门外则显示“正在使用”的字样。四周的墙壁上，挂着几幅小画。洗手池台上摆着几盆小花，小便池前的墙上还贴着几句格言。女用盥洗室有专门的化妆台，还有婴儿换尿布台。盥洗室的外面还有一排椅子供人休息，即使是高档公厕也全部免费。设计周到，干净卫生，设备齐全，环境幽雅，这就是水原市倡导的“厕所文化”。走进化妆室里，除了它的清洁与

韩国水原市的化妆室一瞥

卫生让你赞叹之外，处处洋溢着的文化气息也会让你心神愉悦。便池前的墙壁上往往会写着一些名人名言，让你在如厕时也能获益匪浅。在高速公路的间歇站里，化妆室更为讲究。有的化妆室特意设置了大玻璃窗，让人可以观赏到室外的青山绿水，一洗长时间乘坐高速汽车的劳顿。目前，韩国人越来越重视化妆室文化，“对化妆室再化妆”成为韩国市民团体不断改进化妆室的口号。许多韩国人认为，当今已经是一个不但要重视“食文化”，而且还要重视“便文化”的时代。

再说楼道。在国内，楼道是一个卫生死角，尤其是那些老楼、旧楼，楼道常常为藏污纳垢之所。从空间社会学来说，楼道属于一种“公共使用空间”，一方面需要大家维护，但另一方面其责任又不属于任何人，也有人人使用但又无人维护的可能，尤其在那些没有保洁员的老楼、旧楼里，“屋内亮光光，屋外脏兮兮”是常态。所以，将楼道列为衡量卫生情况的一个硬指标是合理的。仔细观察了一下，韩国公寓的楼道之洁净是有其“客观原因”的，首先是其楼道一律是水磨石铺地，其间夹以铜条，浅褐色的水磨石地面和金黄亮色的铜条相交织，本身就很美观；其次观其楼梯，也是一样的材质建造，每节楼梯前面用凹凸不平的铜条装饰，保护与美观兼顾，也就是说，韩国公寓的地面见不到水泥直接铺地的，因为水泥经摩擦容易翻沫、起尘、蓄土；再看墙壁和屋顶，中国楼道的墙壁一般都是用白灰覆盖，而我在韩所住公寓的墙壁和屋顶用的则是一种坚如水泥的材质，浅黄色，里面杂以蓝色、深红色、深黄色的小颗粒，用手摸去，坚硬如水泥，如石料，无粉无尘，略有凹凸不平之感，墙面可以水洗，不会起尘。

这样，就在“程序设计”上，从地面、墙壁、屋顶三个方向杜绝了“灰飞尘起”的可能，楼道就容易洁净了。当然，“程序设计”只是“客观”因素，从主观维护上看，韩国公寓楼道都设有专职保洁员，费用含在管理费中，每一个月有一次全部过水的清洗机的地面维护，而楼道、楼梯、院落，则每天均有人打扫。曾多次看见上了年纪的保洁员擦楼梯铜条的场面，她们一律认真地弯着腰，滴着汗，拿着专用工具，一条一条地擦着，直擦到铜条光可鉴人时，她们才起身休息一会儿，接着又擦。擦完之后，远远望去，黄灿灿的很是耀眼，一种舒适感油然而生。好几次特意用手触摸其墙壁和窗台，以脚踩踏其地面，一尘不染，殆无虚言。

垃圾和生活如影随形，哪里有生活，哪里就有垃圾，而垃圾处理又是令每个城市头痛的问题，所谓“垃圾围城”是也。而解决的办法就是实行垃圾分类。韩国是实行垃圾分类较早的国家，且十分严格。以我所住的京畿道水原驿华城市新明公寓小区为例，这里每周三晚上六点到周四上午十点是居民处理垃圾的时间。每到这时，停车场就有三四个车位空出来，供垃圾分类使用。这里的处理办法是，无须每个居民使用单独的垃圾袋，而是有专人摆放出几个巨大的编织袋，袋下有一个大铁架子支撑，共有五大类：废纸、纸板类，普通塑料、泡沫塑料类，玻璃瓶具类，金属易拉罐类，木制品类。居民只要将废品分类放入这些大编织袋即可，至于你用什么来放，则很随意。如我就在屋内放置了几个纸袋子，一有垃圾就分类放入，待到周三晚上携带这几个纸袋子将其中的垃圾倒入大编织袋内即可。至于日常产生的厨房液体垃圾，如剩饭菜、色拉油、菜汁、肉汤等，则有专门的垃圾桶，每日持塑料袋将其倒入桶内，然后将湿漉漉的塑料袋放入专门的另一个桶里。这样细致分类出来的垃圾，很多可回收的垃圾就循环利用了，真正运去焚烧厂的垃圾很少。其实，如何保证垃圾分类的实施到位，韩国也经历了一个阵痛期。首尔市政府城市营销担当官金兰姬说，韩国从十多年前就开始实行垃圾分类，但刚开始实施时难度很大，老百姓都觉得麻烦、不习惯，而且不愿意用专门的垃圾袋。为此，首尔政府做了许多垃圾分类方面的广告，不到一年，老百姓分类丢垃圾的习惯就逐渐养成了。政府还有规定，老百姓只需要为垃圾袋埋单，并不需要交垃圾处理费。每月每个家庭用于购置垃圾袋的上限为 2 300 韩元，超过的部分由政府来埋单。最后，令人头痛的垃圾问题就在全社会的共同努力下解决了。其实，垃圾分类还是一个将社会劳动变为个人劳动的过程，其本质是一种人人参与的劳动，人人为自己产生的垃圾伸一伸手，把要产生的社会成本分担到每个人身上，看似庞大复杂的工作就轻松解决了，如果全要专职人员来做，则是工作量巨大的劳动。

这样，在厕所、楼道、垃圾处理这三个直接关乎居民生活质量的“硬指标”上，韩国都有解决之道，所谓洁净之“道”是也。在这“道”中，主观努力占了很大成分。11 月 19 日是“世界厕所日”。韩国人认为，厕所的状况体现了一种文化，它的发展不仅与一个国家的经济发展水平有关，还映射了其社会文明程度。2007 年，韩国议员沈在德先生发起成立了世界厕所协会（WTA），并出任主席一职。厕所问题如今终于和食品、健康、贸易等问题一样登上了国际会议的大雅之堂，世界厕所组织（WTO）每年都要举行峰会，厕所文化也越来越受到世界各国的重视。沈在德先生说，洗手间不仅是方便的地方，也是一个“幸福的空间”。他认为“具有幸福感的洗手间首先是美丽的、干净的，同时也是具有人文关怀和与环境友好的”。据沈在德介绍，韩国是第一个为洗手间立法的国家，从规模大小到管理、应用标识等都有非常详细的规定。每年还要对优秀的洗手间进行评选，推广优秀样板。他在担任水原市市长期间推广的第一个样板“萤火虫公厕”，已被市民称为“萤火虫咖啡厅”。“踏进这座公厕门，就会看见人们三三两两坐在一起聊天的场景。”水原市的厕所不仅干净、漂亮和卫生，还是有音乐、有诗有画的文化场所，因而成了人们聚会碰头的地方。

当然，说到韩国的洁净，其沙性土质亦功不可没。韩国境内多山，其土质以沙土为主，而沙土又是栽种松树的最佳土壤，所以韩国境内又多松树。沙土颗粒较大，其性松散，无粘连性，小风难以吹扬，故室内少尘埃。走在沙土地上，走路既不沾鞋，又不会把尘土带进屋里。这样，就从大风扬尘入窗、穿鞋沾带入室两个方面避免了室内多尘。去学校的路旁多有裸地，或栽种蔬菜，或生长庄稼，星星点点，绿绿黄黄，有时抓起一把土仔细观察，就会发现其中沙质居多，颗粒松散，撒手后手内几乎不见尘痕，双脚踏进，沾带之土亦多乎哉，不多也。当然，地多沙土，只是洁净的客观条件之一，保持洁净，还有待人主观上的维持和爱惜，所谓洁净亦有“道”也。

# 在韩国见“小人”

一次去学校附近有韩国国家历史遗迹之称的建陵和隆陵参观，见到价目表上有“大人 1 000 韩元”，“小人 500 韩元”，不觉有点好奇。在中国，绝对不会用“小人”来代表儿童的，因为众所周知它有其他含义。这里用“小人”来称呼儿童，可以说是保留了这一词汇最原始的用法。问了一下韩国学生，查了一下《韩语词典》和高丽大学所编的《汉韩词典》，有了如下

隆陵、建陵门前的苍然古松

隆陵、建陵门票价目表

认识："小人"一词在韩国口语中已不大用，一般只是作为标志文字出现在门票价目上，如洗浴、公园、乘车、旅游景点等，意思就是儿童或小孩。在《韩语词典》中，"小人"主要有下列意思：一是年纪小；二是个子矮；三是小气，度量小；四为谦词，主要用在古语中，如小人、小生等；五为地位卑贱之人，如下人、卑人。而查阅《汉韩词典》，则有如下意思：一是奴隶；二是平民；三是侏儒；四为谦词，如小生、小人；五为小气；六为人格卑劣、道德低下，所举例有"小人得志"，"近君子，远小人"。在此，亦可见韩汉语义既有重叠，又有不同。最大的不同就是，无论古今，作为道德评价或道德贬损这一词义并未随着"小人"一词在韩国社会普及。

在中国先秦习语中，"小"与"大"相对，形容事物在体积、面积、数量、力量、强度等方面的劣势，本无褒贬的含义。出于道德完善的思想需求，儒家宗师对"小""大"这一对词语资源进行了最大限度的挖掘和利用，使之形成非此即彼的反义对举之势。因而使"小人"从温和中性的身份称谓之词，一变而为言辞激烈的道德贬损之词。

从语义演变的历史轨迹考察，“小人”境况的恶化，有一个从身份称谓到价值判断的嬗变过程。其初，小人与君子的地位是平等的，《左传·昭公三年》：“君子不犯非礼，小人不犯不祥，古之制也。”君子、小人同义对举，不过是一种身份称呼，并无道德上的优劣之分。如《诗·小雅·采薇》：“驾彼四牡，四牡骙骙。君子所依，小人所腓。”是说主帅驾车指挥，兵卒随后，借车身而为掩护。又《小雅·大东》：“周道如砥，其直如矢。君子所履，小人所视。”是说贵族大人走在大道上，而平民则在路边观望。当然，这句诗后来被赋予价值判断意义，此是后话。可知，“小人”泛指平民和下层劳动者，并非只是“恶”的同义语。在先秦，君子也并非是“善”的载体，而不过是对成年男子的通称，如“窈窕淑女，君子好逑”（《周南·关雎》），指年轻男子；“君子于役，不知其期”（《王风·君子于役》），是称呼丈夫；“风雨如晦，鸡鸣不已，既见君子，云胡不喜？”（《郑风·风雨》），是称呼情人；“彼君子兮，不素餐兮”（《魏风·伐檀》），是谴责不劳而获者。但从“不素餐兮”的谴责中已知君子与小人身份不同，是等级关系，所谓“世之治也，君子尚能而让其下，小人农力而事其上”（《左传·襄公十三年》）。二者的区别在于，一在上，劳心；一在下，劳力。君子，亦称“大人”，孟子也说“养其小者为小人，养其大者为大人”（《孟子·告子上》），以“小人”和“大人”反义对举。朱熹注：“贱而小者，口腹也；贵而大者，心志也。”小人，亦称野人。“无君子莫治野人，无野人莫养君子”（《孟子·滕文公上》）。

细读《论语》之前的先秦文献，如《诗》、《书》、《易》，对待小人都比较宽容，真正对小人声色俱厉、大加挞伐的，始于孔子。在孔子之后的儒家文献中，对小人的口气越来越严厉。至此，小人已经是伦理道德全面崩坏的同义语。首先，小人好利，“君子喻于义，小人喻于利”（《论语·里仁》），“小人不耻不仁，不畏不义，不见利不劝”（《易·系辞》）。其次，小人无固定德操，“君子之德风，小人之德草”（《论语·颜渊》）。再次，小人不知敬畏，“小人不知天命而不畏也，狎大人，侮圣人之言”（《论语·季氏》）。另外，小人的缺陷不可胜数，简直就是种种道德不完善的渊薮——“君子成人之美，不成人之恶，小人反是”（《论语·颜渊》），“君子周而不比，小人比而不周”（《论语·为政》），“君子之接如水，小人之接如醴。君子淡以成，小人甘以坏”（《礼记·表记》），“君子固穷，小人穷斯滥矣”（《论语·卫灵公》）……所以，结论如下：“唯女子与小人为难养也，近之则不逊，远之则怨”（《论语·子张》），“言无常信，行无常贞，唯利所在，无所不倾，若是则可谓小人矣”（《荀子·不苟》）。总之，所有负面的、消极的、卑劣的东西都归属于“小人”。而出路只有一条——“近君子，远小人”，而这句话恰好是韩国人在编写《汉韩词典》时所引用的例子。

都说韩国很好地保留了中国传统文化，按我的理解，所谓“保留”，不是原封不动地接受，而是一种筛选和过滤，这筛选和过滤的工具就是本国的国情和需求。朝鲜历史上没有如中国古代这样激烈的朋党之争，也就没有“君子小人之辨”，因此就没有必要“引入”和运用“小人”一词的道德卑劣之语义，而只有其最原始的含义，即体积、面积、力量之“小”、地位之低下以及自谦之词。经过这种筛选和过滤，中国传统文化中那些温和、中性、积极、有利于和谐的因素被保留下来，而儒家那种强调二元对立、相互争斗的因素则被排斥了。其中缘由，一篇小文难以穷究和具述，但有一点则是基本可以肯定的，那就是任何一个社会在接受某种文化或语言的时候是按照该社会的现状来接受的，同时也就反映出该社会的某种需求。这或许就是在韩国见“小人”的启示。

# 在韩国，走近基督教

人在韩国，处处能感到基督教在这个国家的存在，一种渗透到其肌体内部的存在。从我住的寓所到学校办公室不过十余分钟的路程，可一路上就有五座教堂，一律是那种高耸入云式的圆锥形尖顶，上面立着一个十字架。十字架周围都有红色的霓虹灯镶嵌，一到晚上，那红红的十字架十分醒目。以至于韩国著名建筑家陈喜汉（Aaron Tan）在 2011 年 3 月 26 日接受韩国某媒体的采访时说“香港有很多结合最尖端技术建造的漂亮建筑物，华丽的夜景是代表性的旅游商品”；而对于韩国的印象，他说“韩国城市夜景中发光的十字架令我印象最为深刻”。

刚到这里时，分不清东南西北，第一次去学校时怕迷路，就记住了公寓出口拐弯就是一座教堂，晚上回来时，在那红色的十字架的指引下即可回到寓所，也算是被“指引”了一把。这些小教堂的门口一般都有一幅壁画，上面画着耶稣基督垂握一鞭，指引一群迷途的羔羊走向天堂。

赴韩后，走了几个地方，一般乘坐高铁。一次，从水原驿去韩国著名的温阳温泉旅游，其时正值晚稻即将成熟，泛起阵阵鹅黄，在一片青翠中，显得格外耀眼，远远望去，鹅黄浮动，草木朦胧，黄绿相间，山峦叠翠，远山近水，楼群掩映其中，不由让人慨叹，锦绣江山，名不虚传。一路上，除了观赏韩国特有的丘陵起伏、城乡交错的地理地貌之外，印象最深的就是其教堂的密度：只要是居民区，就有教堂那高耸入云的尖顶，几乎达到了“凡有人家处便有教堂”的程度。一次，去首尔著名的明洞购物区游玩，不知不觉就走到了明洞大教堂旁边。那天正值周日，是信徒们集中做礼拜的日子，教堂共有四个大门，每个门前都排着长长的队伍，男女信徒们都表情虔诚，手持资料，等着进入教堂礼拜，而教堂远处的街道上，还有人流不断向这里涌来，不断与门口的神父和修女们招手致意，交谈随意。穿行其中，恍如身处欧洲某地，如爱丁堡的教堂，但看着来往人员的肤色和脸庞，才意识到这里确实是韩国。

明洞耶稣大教堂

济州岛涉地岬地附近的教堂

看了一些资料才知道，韩国是一个多宗教国家，主要有佛教、基督教、伊斯兰教、道教。在韩国，儒家更多的是一套伦理体系和贵贱等级差别的实用思想；而佛教则因统治者崇儒抑佛政策而趋于衰败；道教蜕变为流行于风水占卜先生、衙门文书之辈的民间土俗信仰。16世纪末，统治朝鲜几百年的李朝封建制度开始走向没落，17世纪，朝鲜社会陷入了政治腐败、经济落后、思想僵化、民生凋敝的严峻境地。可是封建统治者们却置国难与民生于不顾，依旧热衷于争权夺利的党派之争，社会危机更加恶化。面对这种现实，一些有识之士不得不对传统思想进行反思与批判，寻求能够挽救社会危机和民族命运的新的思想与理念，也就是实学和西学。落后的朝鲜需要学习先进的西方文化，而这种需要恰恰成了韩国人接受基督教的最初的动机。经过两百年风雨历程，基督教最终在韩国立足。它起初只是“实学会”知识分子中间的一种世俗活动，参加者把基督教作为其平等主义价值观的催化剂。基督教有效地利用了其传统文化，与韩国文化互相融合、吸收。例如日本 40 年占领期间，众多基督徒因拒绝崇拜天皇而被关押，韩国人对教会的鲜明性格及态度因此得到强化、坚固。这一立场使得韩国教徒们从此能够称基督教为“自己的信仰”，而不再是“外国的宗教”。总之，作为一种意识形态，基督教满足了韩国社会的思想需求，解决了韩国社会迫切需要解决的问题，既在形式上保留了儒家的礼仪传统，又把基督教重视个人和社会平等、蔑视人间权威的思想引入韩国社会。（李正奎：《韩国近代社会的变迁与基督教》）

仁川松岛地区的室外宗教剧场

至2000年，韩国有将近1/3的人口宣称自己是基督徒，首都首尔拥有世界12个大型基督教聚会中的11个，基督教对韩国文化影响极大，而传统根基深厚的佛教等影响力却因此日渐衰退，韩国作为世界主要传教地区的地位也日益明显。2000年，共有10 646名新教传教士连同未知数量的天主教教士，从韩国被派往156个国家，仅次于美国。众多韩国基督徒具有世界性影响，其中包括汝矣岛纯福音教会——据说是世界最大教会的主任牧师赵镛基博士。1984年天主教教皇保罗二世访问韩国，首次在罗马以外地区举行封圣典礼，封圣人数为历届之最，这次典礼使韩国天主教圣徒人数成为世界第四。

明洞耶稣大教堂礼拜日的场景，善男信女云集，等待入内参加礼拜

如果说上述数据还是一些表象的话，那么，在逐步接近韩国人时，更会感觉到基督教在韩国的影响。一次，和韩国师生们一起聚餐，一桌8个人，一问，竟有5个基督教信徒；我所教的研究生班一共8位同学，信基督教的也有4位。据说韩国基督教信徒的比例在20%～25%，就我所接触到的群体来看，此言不虚，甚至有过之而无不及。有此基础，我对学生们对基督教的态度大致做了一次调查，尤其对他们的初始信仰很感兴趣。

Song属于那种“内化型”的信徒，也就是在内心中和基督耶稣化为一体，她说：

小时候我虽然有信仰，但这是因为我父母相信耶稣，所以我也相信的。这可以说是母胎信仰的一种问题，如果自己没有要相信耶稣的理由，这就只是空白的信仰而已。去教会的十几年，我知道了到底耶稣基督是谁，为什么要相信耶稣基督。对信仰的疑问使我祷告，我通过神给我的恩典开始明白了福音。耶稣是名字，有拯救者的意思；基督是职分，意味着解决人生根本问题的耶稣的作为。传达其事实就是基督教所说的福音（good news）。

而Bai则属于“外促型”，是被一个偶然的生活事件推向了宗教：

我不能理解为什么人们对宗教那么狂热。可是，两年前我妈妈突然因交通事故去世了，那时候我和同事之间关系不好，所以我很想辞职。当时，朋友劝我选择基督教。以前我对宗教没有兴趣，经历了困难以后我下了信仰天主的决心，现在我是天主教信徒。我是从一年前开始信教的，现在我的心里很舒服。

她自己对信教的理解是：

人们本来都是很脆弱的，所以人们依靠天主。人们在自然灾害、战争、疾病面前是柔弱的存在，因此信那些东西，并把它神化。我觉得人们之所以信仰宗教，是因为希望自己的生活越好越幸福。如果为了一部分盲信者的错误思想，宗教的崇高意义变质的话，这是很可惜的事。我也因为传统观念，很难信仰宗教。现在我信仰宗教的程度不太深，但是已信宗教，没有不安之感，只有充满希望。不管信仰哪个宗教，我觉得我们都需要信仰宗教。

而Jin对宗教则很不以为然，似乎是一个彻底的“无神论者”，她是这样描述的：

我进入大学的时候，不知道该校有必须要参加的宗教仪式。该校有礼拜时间，到时候学生们都要参加礼拜，如果缺席就不能毕业。我本来就不信仰任何宗教，第一次参加礼拜时很不舒服，完全听不懂牧师到底在说什么。每周四下午三点做礼拜，我都十分厌烦。这样的礼拜重复多次之后，才渐渐地习惯于礼拜。但直到现在我也不信仰宗教，也不会去任何宗教机构。宗教信仰自由，我不管谁信什么，但不可强迫别人也信和你一样的宗教。

Jia 呢，则犹疑于信与不信之间：

我不信哪一个宗教，也没有醉心于任何宗教观，对宗教的印象只是遇到困难时可以从中得到安慰。经常看到许多人过于痴迷宗教，以至于断送自己的事业，不照顾自己的家庭，看着他们，我深感惋惜。刚结婚时，我公公让我领受洗礼成为天主教徒，可那时，我对于天主教没有兴趣，每周都不去教堂，公公也不强迫。只是心里难过的时候，才想起宗教的好处，也会默默地祷告。也许随着年龄的增长，将来我会皈依宗教，但现在还不会。

Song 曾在北京师范大学留学，汉语基础最好，悟性也好，人也很聪慧，这一群体中，她对宗教的领悟力也最高：

我的信仰在慢慢成长。以前虽然参加礼拜，但是一回家就忘掉礼拜的内容。可是得到神的恩典以后，我开始抓住礼拜的内容祷告、默想了，这时候可以感觉到神与我在一起。中国留学使我的信仰更成长起来了。留学中发生的各种事件，父母不能替我解决。我独处的环境让我更依靠神，体验神的能力。寂寞、孤独、遇到困难时我向神祷告了，这时候神成为我的父母、老师和朋友。我在生活中不仅享受了神的祝福，而且得到了祷告应答。这样的过程反复以后，我的信仰更加坚固了。所以我的想法、眼光都改变了。以前只靠着我自己过生活，现在靠着神过生活。以前只想成功，现在按照神引导的方向走。福音给我的人生带来了很多变化。

小宋说，他搜集了一些资料，下面整合一下并就此题目展开。作为一种外来宗教，尤其是与韩国传统文化截然不同的西方宗教，基督教和天主教在韩国立足、生根并大面积普及绝不是偶然的。任何一种理论在一个社会普及的程度，取决于它满足这个社会的需求的程度；可以说，基督教在韩国近代社会的转型和改造中发挥了巨大的作用，改变了这个国家的面貌。具体而言，它集中体现为四个方面：

首先，从社会转型的角度看。基督教提倡人人平等，反对俗世权威，是一种从传统社会向现代社会转型的很实用的思想武器。传统韩国社会尊崇儒教，而儒教是尊崇上下尊卑的，强调人间世俗权威，社会等级观念森严，凡事要看出身。而天主教或基督教的学说则对此提出了挑战。朝鲜王朝时期一直处于支配地位的正统思想是朱子之学，强调“天”是内在于宇宙的“理”与内在于人的“性”的统一，它虽然是一种绝对的存在，但是并不是超人格的，而立足于这种“理”和“性”的现实社会体制是由于它的“天”性而被绝对化的，因此，这种社会体制是不容批判的。与此不同，天主教或基督教的“神”或“上帝”是世界的创造者和主宰者，是一种超自然、超人间的存在，它的存在虽然也是绝对的，但是它与世界的关系是造者与被造者之间的主从关系，所以，在天主教那里，被创造的世界及现实体制总是相对的，就绝对的“神”的意志而言，现实与体制又总是批判的对象。这种与儒教的“天”观相区别的“神”观，就是天主教带给韩国的新思想，它为李朝封闭的传统思想和封建体制打开了缺口。

其次，由于基督教不承认任何人间权威，于是在日本占领时期，它又成为朝鲜人民反抗压迫、追求民族独立的精神支撑。这一时期，朝鲜人民苦难深重，700 万人被流放或驱赶，去国离乡，日本当局试图通过有计划的行动来根除朝鲜文化印记及其民族认同。1919 年 5 月 1 日，33 位宗教及政治领袖集会通过了一份独立宣言，组织者是天道教的领袖，但 33 位签署人中 15 位是基督徒。随后许多人被监禁。1919 年还有两件事：第一，成立发挥了极大影响力的天主教“义民团”，它发起了一次赞同朝鲜独立的运动。第二，李承晚在中国成立了朝鲜流亡政府，他本人是卫理公会派教徒。但是，在许许多多朝鲜人心目中，真正联结基督教与爱国事业的催化剂是19 世纪 30 年代，崇拜天皇是强制性义务，而众多的基督徒则拒绝崇拜日本天皇而被关押或惨遭杀害，这些都充分说明其宗教信仰与民族独立的目标是高度一致的。

再次，基督教尊重个人价值，这又成为朝鲜人民争取民主和人权的精神依据和变革动力，民众(민중) 神学就是这种表达方式的体现。以“神的形象”这一概念为基础，结合韩国传统的韩的学说，它阐述了韩国人民是自己命运合法主人的思想，并且同时强调民族独立与人权，它在韩国社会的“左派”和“右派”中都极具吸引力，两位著名的政治领袖金泳三、金大中都赞同民众神学的观点，两人都为反抗军人政府奋斗了几十年，经常被捕入狱。金泳三是长老会教徒，金大中是天主教徒，两人都在 1988 年韩国恢复民主之后先后担任共和国总统。至此，基督教义又成为民主运动的先声和精神预演。

最后，基督教对于韩国社会生活的影响也是巨大的，因为传统韩国社会完全是按照儒家学说的原则按等级划分，并臣服于半人半神的皇帝之下，妇女毫无社会权利，儿女完全服从父母，个人权利必须由社会制度规定。这种社会结构受到基督教关于“神按照自己的形象造人”（《旧约·创世纪》）及人具有绝对价值这一教导的根本挑战，强调私有财产权即与这一观念紧密相连。基督徒把皇帝看作仅仅是一个在上帝面前只代表他自己的个体，上帝的权威高于皇帝的权威。基督教价值观的传播也对解放妇女儿童作出了贡献。基督教一开始（1784 年）就允许妇女改嫁，禁止同居、纳妾，反对一夫多妻制，不准虐待、遗弃妻子；教会教导父母要把儿女当作上帝赐予的礼物，应当教育他们；不准包办小孩的婚姻，也不准重男轻女。（李正奎：《韩国近代社会的变迁与基督教》）

基督教在韩国之普及，不仅仅是在国内，还蔓延到国外。韩国是仅次于美国的世界第二大基督教传教国，已经在 169 个国家和地区派遣了 2.2

万余名传教士。韩国基督教曾不顾外交部的劝阻，毅然在阿富汗传教，结果导致 21 名韩国信徒被塔利班绑架。韩国政府不得不以撤军和巨额赎金换取人质释放。尽管如此，仍有两名基督教义工被杀，从而在韩国引起强烈反感。基督教在韩国之普及，不仅仅是在民间下层，也深入上层及国家政治活动之中。

据韩国媒体统计，在韩国 296 名国会议员中，基督徒占 120 名，天主教徒 74 名，佛教徒 55 名，还有其他小宗教和无宗教信仰者等。李明博政府的 56 名前任和现任部长级以上官员中，基督徒占 19 名，其次是天主教徒 13 名和佛教徒 5 名等。也就是说，无论在国会还是在政府中，基督徒都占据着压倒性优势。韩国教堂实行企业化管理，信徒越多，教堂收入就越多。因此，各个教堂都非常卖力地拉信徒传教，表现出非常强大的组织力量。前述元老牧师赵镛基建立的首尔汝矣岛纯福音教会的信徒数达 75 万人，堪称全球最大的教会组织。令人惊诧的是，赵镛基的弟弟赵镛睦(音)则打造了拥有 30 万信徒的世界第二大超级教会。李明博当选总统前担任长老的“所望教会”的信徒也超过 7 万人。这 7 万人是个大圈子，而大圈子中还有小圈子。李明博政府中的很多高官就是在这所教堂里相互结下人脉的。据说，前任、现任部长级人士达 60 余人（詹德斌：《韩国观察：韩国宗教为何底气十足?》）。

那么，当时间的指针转到 21 世纪的时候，基督教对于韩国普通民众的意义何在呢？我是局外人，说得怕不准确，还是用我的学生、基督徒 Song 的话来结束本文：

> 基督教对个人与社会带来了好影响。现在很多人最大的人生目标就是赚钱与成功。成就目标的人由于害怕失去这些而苦恼，没有成就目标的人由于悲观自己的处境而烦恼。所以患抑郁症或者自杀的人越来越多。信者也会遇到这样的问题，但他们通过神给他们的力量能克服。现在离婚家庭快速增加，离婚成为一种社会问题，很多人显示出轻易选择离婚的倾向。然而信者因为有信仰，所以能理解、包容对方，因此维持家庭的概率比没有信仰的

人要高。个人与家庭是社会最基本的构成部分，个人与家庭有力量时社会能够发展起来。基督教要实践正直、诚实、慈爱的态度，可以帮助建设明亮与健康的社会。

# 百闻一见：韩国水原中心教堂礼拜纪实

俗话说，百闻不如一见。早就听说韩国宗教活动频繁，融入日常社会生活，成为部分百姓精神生活的有机组成部分。平时走马观花，星星点点地看到了一些，但都只是一个模糊的印象而已。为了更深入地了解以获得第一手体验，我决定亲自参加一次正式的礼拜活动。

在韩国，星期六、星期日都可以礼拜，但周六主要是面向青年人，周日的则较为正式，参加的人也比较多。这主要是根据基督教义，上帝从第一天到第六天创造了天地、水、空气、植物、日月、动物、人等万物，第七天休息时，人类为感谢上帝，纷纷向他朝拜。此后人类制定历法时，每七天一个周期，第七天休息，此一天信徒们朝拜上帝，是为“礼拜日”。而在星期日全天的礼拜日程安排中，听说 11:00—12:30 的那场最为隆重，于是准备届时前往。2010 年 10 月 10 日上午 10:00，和韩国朋友 Q 君从华城市寓所启程，驱车直奔水原大教堂。

水原大教堂的英文全名是 Suwon Central Baptist Church，可直译为“水原基督教浸礼会中心教堂”。这是一座红砖水泥加框架的建筑，可同时容纳 2 000 余人礼拜，大堂里有 1 200 余个座位。10:40 左右到达教堂时，门口已聚集了不少人，熙来攘往，很是热闹。负责礼宾接待的韩国妇女穿着色彩鲜艳的韩服，热情地向每一位来宾分发当日礼拜资料，同时鞠躬、致意、打招呼，熟悉的人们互致问候，孩子们跑来跑去，不时发出欢乐的童声，其喧闹声与唱诗班的音乐混杂在一起……就像看到的无数普通集会：在周末的休息日里，出于某种原因，为了某种目的，人们聚集到一起，会见熟人，交流信息，互致问候，愉悦精神。当然，在此，还要洗涤灵魂。

水原基督教浸礼会中心教堂外景

由于我是“外国人”，不懂韩语，需要上二楼有英语翻译器的席位就座。穿越前厅、拾级而上之际，我注意到：虽然正式的礼拜还未开始，但人们已经自发地形成一个个小小的祷告圈，一般也就七八个人，都穿得很正规，他们神情肃穆，表情虔诚，双目微合，口中喃喃低语，诉说着心中的宗教情愫，或是自责，或是忏悔，或是崇敬，或是憧憬……这种小祷告时间很短，三五分钟结束后，他们就汇入人流，进入礼拜大厅，此时已是10:55 了。

时至 11:00，唱诗班开始从两侧的耳室走出，缓缓入场，人数在百人上下，男女比例大约是 2：8，男性一身白色西装，女性一袭纯白长裙，给人以纯净肃穆之感，他们分两侧向中间移动，就像两条白色的小溪向中

某教堂内的玻璃壁画

某教堂外的祷告处

央汇集。此时指挥也走近了乐池，五六十人的乐班开始奏乐，一曲曲宗教音乐响起，在壁墙的五彩玻璃上环绕，在宽阔的穹顶下回荡，使人不觉进入了一种“宗教语境”。歌词大多是赞美耶稣基督的，如“歌颂我主耶稣，他是指引我们前进的灯塔；当我们迷路的时候，是他把我们引向正确之途；传播他的伟大和慈善，像他把光明播撒到心灵的每一个角落……”“唯有我主耶稣，至高、至善、至能，如日月之光普照大地；是主给了我们面包，并让我们远离邪恶。忘记别人的债务吧，如同我主忘记了我们的债务。阿门……”近百人的唱诗班发出的“阿门”“阿门”之声很是洪亮，在教堂穹顶上盘旋，在墙壁间回荡。

此时，齐唱、独唱相互交错，神父的布道就在这歌声和乐声的陪伴下正式登场，略显枯燥和古老的宗教教义此时也显得不那么枯燥了。神父讲了很多，我韩语不灵，耳机里的英语翻译又很快，难以一一听懂，但大致还是听出了他的布道紧密联系韩国现实生活，给信徒以启迪。例如他讲到了目前韩国社会自杀风行，25 年前韩国曾是世界上自杀率最低的国家之一，可近几年韩国自杀率开始上升。据世界卫生组织统计，2005 年韩国平均 10 万人中有 24.7 人自杀，居世界首位；匈牙利以 22.8 人列第二位；日本第三，为 20.3 人。为此，韩国媒体称韩国为“自杀大国”。自杀已成为继癌症、心脑血管疾病和心脏病之后韩国人第四大死亡原因。2005 年中，韩国共有 1.2 万人自杀，平均每天 33 人，也就是说，每 40 分钟就有一个人走上绝路。近年来，韩国的自杀率快速上升。据韩国统计厅公布的2007年死亡原因调查，自杀占第四位，一年内有1.3万余人自杀身亡，比10年前增加了4倍。有分析说，韩国自杀率屡增不减的原因有以下几方面：父母离异等单亲家庭增加；没有可以倾诉苦恼的对象；抗压能力减弱以及受到自杀网站的影响等。2009年以来，韩国陆续发生多名艺人、企业主自杀事件，一些青少年甚至在网上相约"集体自杀"。据韩国媒体报道，单江原道一地4月份就发生5起集体自杀事件，共有20多名男女青年"相约自杀"，10多人丧生。

尤为引人注目的是在韩国的娱乐圈，自杀事件更有增无减。如2005年2月22日，韩国女星李恩珠在家中上吊自杀；2007年2月10日，郑多彬在男友住处上吊自杀；2008年10月2日，崔真实被发现在位于首尔束草的家中自缢死亡；2008年10月3日，张彩苑因受恶意中伤自杀；2008年10月6日，金智厚因受恶意中伤及失恋打击自杀；2008年12月11日，李瑞贤因炒股失败欠债自杀；2009年1月17日，金石圭难以忍受在演艺圈一直半红不黑的半吊子状态，在家里上吊自杀身亡；2009年3月7日，《花样男子》中的张紫妍在家中上吊自杀，终年26岁；2009年3月12日，歌手李昌容被发现在家中上吊自杀身亡，终年38岁；2009年4月27日，

明洞基督大教堂的外景

女星于承妍上吊身亡；2010 年 6 月 30 日，“韩流”明星《冬日恋歌》主角朴龙河在寓所自杀身亡，年仅 33 岁……而每次有明星自杀，韩国国内都要连带掀起自杀小高潮，其后 1 个月内的自杀率会比平时高两三倍。

神父说，尽管自杀的原因很多，但也有很多应对措施。例如，为了有效地应对明星在发表新专辑或空当期所承受的精神压力，许多经纪公司安排艺人接受神经精神科专家的系统管理。据悉，这些公司均对所属艺人进行每月一次的定期咨询，消除精神压力。但更重要的是，要从基督教教义角度看待这一问题。放弃生命是不负责任的态度，因为我们的生命不仅属于自己。我们的生命来自上帝，是他将无形赋予有形，放弃自己的生命是对上帝的不尊重。为此，神父讲了《圣经》中大卫和保罗的故事，他们历经磨难，始终没有放弃自己的追求和理想。如保罗本是耶稣的早期门徒，在耶稣已经被钉十字架而死并复活升天不久，依然孜孜不倦地布道，他在去大马色的路上被神光击倒，几乎瘫痪，但仍勇敢地来到圣殿，宣讲福音。神父说，保罗的一生充满了艰辛，可以说是千难万险，但他始终没有放弃。信基督，就要学习基督徒的坚强，生命宝贵，不要轻易放弃。现在的社会价值观繁杂，我们要坚信基督，如上帝所说，做我们自己。这时，神父又举了他个人的例子，叙述了自己生活中的诸多磨难，今天终于达到了光明圣洁的境界。

2010 年圣诞节前夜，一群热情的基督教青年在明洞购物街唱圣诞歌，宣传基督教

总之，这段有关拒绝自杀、珍爱生命的布道大约有 30 分钟，听者都很认真，表情凝重而严肃，全场鸦雀无声。仔细观察，整整 90 分钟，人人全神贯注，无一人走神，表明布道的内容已经深入人心，产生效果。当然，就在这一片凝重之中，又是唱

诗班的歌声和音乐响起，调节了气氛，只见在悠扬的乐声中，两对夫妇抱着两个孩子走上台来，接受神父的洗礼，神父把两个刚及满月的孩子分别抱在左右手里，面对听众，笑容可掬地为他们祝福并做了洗礼，并提议全场也为这两个小小的新信徒祝福。童真元素的介入，像在凝重的铅灰中增添了一抹绿色，使得场面顿时活跃起来，轻松的笑声和交谈又遍布听众之中。

礼拜结束了，走在蜂拥的人流中，听着异国的语言，感受着这种氛围。看着四散的人群，观察着他们轻松的表情，能感受到他们的心灵是满足的，精神是愉悦的。正如韩国朋友所说，每次做完礼拜，心里既充实又轻松，如果不来，总像缺了点什么。这是一种精神生活，在庄严、肃穆、崇高的氛围中，在文艺与教义的巧妙结合中，在与世俗事物较好的结合中，找到了自己恰当的位置。

国学大师钱穆在论述思想与风俗的关系时曾谈道："欲考校一国家一民族之文化，上层首当注意其学术，下层则当注意其风俗。学术为文化导先路……风俗为文化奠深基，苟非能形成为风俗，则文化理想，仅如空中楼阁，终将烟消而云散。"（钱穆：《中国学术通义》，台湾学生书局）基督教之所以能在韩国扎根，在于其与民众生活结合的紧密程度，如以上所记的常规性的礼拜活动，已经深深渗入民众日常生活之中。

# 韩国：细节里的宽松与信任

就韩国社会是紧张还是宽松的问题，我曾请教过一位在韩国居住多年的中国老师，要他说出内心的真实感受，答曰：当然是紧张了，每个生活在其中的人都有很大压力，都要努力工作、学习，提高自己，不然就有被社会抛弃的危险。你没看到那么多明星自杀吗？其中原因之一就是难以忍受巨大的生活压力。25 年前，韩国曾是世界上自杀率最低的国家之一，可近几年韩国自杀率开始上升。他问道："你说，这还不紧张吗？"我说："你说的是身处现代竞争社会中人人都会感受到的压力，而根据我的亲身

首尔仁寺洞室外文化表演

体验，这个社会还为身处这种‘紧张’状态的人们提供了一种‘宽松’的环境氛围。在此，紧张和宽松，并非一对矛盾，而是可以同在、并存的社会现象。”

在韩国生活与旅行，常会有一种比较“宽松”的感觉，这主要体现在一些公共设施和公共物品的细节之中。身在其中，你会感到处处方便，周围的环境总给人留下较大的余地和空间，尤其是在一些明显关涉出门在外之人的“切身利益”之处，你会感到，当你需要什么时，“社会”总会提供，并且是第一个伸手的“埋单者”。这种“宽松”和“免费”的气氛，使人感觉十分轻松。当然，在这种轻松的背后，还传递着一个社会性信息，这就是信任。

韩国的卫生间叫化妆室，大都很干净，有些还有鲜花、壁画装饰，里外经常可以看到保洁工人忙碌地工作着，态度十分认真，这洁净的环境就是他们的作品。化妆室内，卫生纸、肥皂、洗手液、冷热水，一应俱全。至今，我来韩跑了许多地方，所到的如厕之所，还没有见到一个以上物品供应不足的。在首尔的大型购物中心，常备有沙发区供人休息。一次去乐天购物中心的二楼，见女装专柜旁有五组沙发，前有茶几。估算一下，约占五六十平方米，相当于两个专卖区的面积。这里没把它计入营业面积，而是腾出一定的空间，供人休息。仔细观察，沙发的质量很好，把手一律实木，坐垫十分松软，很像收费休息室内的设施。那次由于要等人，需要在附近找个地方休息，发现了这个沙发区后，就解决了暂时休息的问题，它实际上起到了一个“小休息室”的作用，不仅大大缓解了疲劳，还可以

一年一度的高阳花展，游人如织

靠在沙发上想一些问题，写一点观感。一次，去 You and I Center 游泳，按照国内的习惯，自然要问是否计时，答曰“这里不计时，想游多久就游多久”，这让人感到轻松。因为在计时的状态中，很难全力以赴地游，老是想着是否会超时，老是要看钟表。而在不计时的宽松环境中，实际上每次也就游了 70 分钟左右，和国内差不多，但绝无超时的心理担忧和提前去洗浴的忙碌。

在就职的大学人文学院一楼，有一间教师休息室，里面设有免费咖啡器，整日为教师们提供热咖啡，一直到晚上 10 点。上课之前，下课之后，喝上一杯，很提精神，而从未见过学生们去喝。一次，去位于抱川市的大真大学开中国学者学术联谊会，晚上入住宾馆时，发现桌上除了提供两瓶矿泉水外，还有两个红苹果。东西不多，但在以前入住宾馆时则很少见到。乐天购物中心里有很多小饮料店，饮料店当然是要赚钱的，而赚钱的最好方式就是吸引顾客来买饮料。可在几家饮料店旁，都设有消毒柜，里面整齐地码放着一摞摞不锈钢杯子，旁边设有饮水机，供应冷热水。喝了水，买饮料的概率自然就降低了。我亲眼见到两个姑娘想买饮料，但看了看价目表，犹豫了一会儿，又选择了免费的热水。又见一老人来到饮水机前，仰头吞下了什么，然后用水送下，原来他是在吃药。一次，从公寓去超市，看到一家小作坊在榨梨水，刚刚榨出的梨汁冒着热气，梨香在空中飘散，出于好奇，不由过去看看，主人让我看了看制作的过程，并用简单的英语说明了价格，看我并不想买，临走时送我两袋品尝。一次外出，回公寓时突降大雨，只好到一家鲜花店避雨。韩国的许多鲜花店都在一个塑料大棚之中，主人热情地招呼我，并给我和另一个避雨的人各沏了一杯咖啡，热腾腾的咖啡浓香四溢，在阴冷的天气里格外暖人。还有一次，到温阳温泉去玩，中午想吃一吃韩国特色餐，最后选了一家人气较旺的“拌饭专家”，顾名思义应是以拌饭见长。进得屋来，仍是常见的一溜儿席地而坐，见到桌上有鱼，于是向老板说明想点一道鱼，不料店家连连摆手，意为“没有鱼，没有鱼呀……”明明桌上有鱼，怎么说没有呢？原来鱼属于配菜，不算在所点的主食之列，所以主人连说“没有鱼”，配菜吃完了还可以加。见到我们对韩食如此陌生，旁边桌上的一位年轻女士赶紧帮忙，她身旁还坐着一个腼腆的青年男子，应是她的丈夫或是男朋友，女士用流利的英语说，她在英国留学，目前回国度假，也来温阳温泉玩……听到英语，明显亲切不少，她不厌其烦地介绍每道菜的吃法，甚至亲自示范如何用菜叶卷酱、裹肉以及拌饭的程序，全无一点陌生人的羞涩与隔膜。这顿饭吃得很热闹，我们三人，他们两人，眼神、表情、肢体动作全用上了，很是热闹。这顿饭不仅吃好了、喝好了，更重要的是驱赶走了远在异国他乡的陌生。

印象比较深的还有那次去地处抱川市的大真大学开中国学者联谊会，需要在 1 号线的“议政府”车站集合。可车开到一半时，突然停住不前了，车里的人几乎下光了，然后又上来了一批人，这明显是有什么变化，但车里的广播又听不懂，凭着简单的英语沟通才知道，原来这辆车要往回返，开往仁川。我一个人，不会韩语，人生地不熟的，怎么办？如何再坐车到“议政府”，成了一大难题。这时，一个戴眼镜的中年人过来帮我，他只懂几个英语单词，但也足够了。他领着我上了另一辆 1 号线的车，继续前行，同时他用韩语向其他乘客确认这趟车是到“议政府”后，才放心地坐在我旁边，好像对我承担着什么责任。可过一会儿，才开了两站，车又不走了，并且往回开，这样明显是到不了“议政府”的。哎，此行真是不顺。怎么办？他找了多人打听，才知道原来这趟车又不往前开了，要返回“城北”站，需要在那里再等一趟去“议政府”的车。于是这位老弟又带着我跑上跑下，终于找到了那趟车。哎，真是多亏了这位老弟！不然这中间的“复杂”沟通我是无论如何也解决不了的。此时，车厢内过来一个卖玉米的大娘，老弟伸手掏钱，买完自己的之后，又给我买了一袋，实在出乎我的意料。他执意要我收下，一脸的诚意，我只好收下了。在“仓洞”，他先下了车，望着那远去的背影，真不知该说些什么……说到地铁，顺便也说一下，韩国地铁车厢的两头设有老幼专用席，共有 12 个座位，我注意到，这种座位确实只有合乎条件者才能就座，有时车内很拥挤，即使它们是空着的，40 岁以下的青壮年也不会去坐。一次从东大门回水原，车程有一个多小时，仔细观察，此座时满时空，但绝无青壮年去坐。有意思的是，都是老年人，岁数也不一样，如果是三个老人，而只有一个座位，那么预坐者就会估算对方年龄大小，让年长者先坐。但同时也能看到，在普通座位席上，有些年轻人有时明明看见了老年人，也不会让座的。许多人谈及此，不由慨叹“世风日下”。

说到地铁，旁及韩国的交通。在公交车站等车，如果人少，虽说不上是排队，但大家基本都遵循先来先上的次序上车，绝无“插队”、“加塞”之忧；如果人多，则排成一长溜松松散散的队伍，一律单行，间隔较为“宽松”。另外，在韩国各处转悠，几乎没有见过交通警察，各路口的车辆一律全凭红绿灯指挥，行人也是如此。一般而言，绿灯不亮之前，即使无车，也很少见到行人“闯红灯”。而在许多较繁忙的路口，根本就没有红绿灯，全凭司机到路口判断该由谁先走。例如水原大学门口的十字路口，其本身就处大学区，校门口对面是一个大超市，周围又是一个近十万人居住的小区，还是诸多路线公交车必经的路口，其交通压力可想而知。但就是这样繁忙的一个路口，不仅没有警察，也没有设红绿灯，全凭自觉。我每天路过这个路口数次，从未见到一起交通事故，也没见过相互争路、车堵不已。没有警察和红绿灯，这当然是一种宽松，而在这种宽松的背后，则是一种潜移默化的相互信任。

当然，还有另一种“宽松”。在开 2010 年度中国学者联谊会期间，来自高丽大学的老师说了这样一件事：高丽大学占地面积很广，在韩国经济起飞之前，地皮还不值钱，于是有些无家可归者在学校的地皮上盖了一些房子居住。待经济起飞、房价疯长之后，高丽大学意识到了这些地皮的价值，于是宣布“主权”，要求这些居民迁出，双方相持不下，于是闹到了最高法院。这是一场旷日持久的官司，双方各不相让，最后的裁定结果是高丽大学败诉，原因是这些居民是弱势群体，法律及社会政策应该向他们倾斜。还有，韩国拆迁，要按照一定的既定程序：先是专业房地产人员来家里评估，然后是政府给予补偿。补偿都遵循一定的标准，绝无由强拆、强迁所导致的双方对立、官民冲突。而且在韩国，如果所拆迁的房子里住着房客，也要给房客一定的补偿，理由是：房客要花费时间寻找房源，要产生一些额外的费用。还有，在韩国如果你辞了职，从辞职之日起，政府将提供两个月的工资以供周转。这是公共政策上的“宽松”，德国等国也是如此“宽松”地对待弱势群体、普通民众的。

基于以上事实，笔者在思考，是否可以设计并实施一个指数，即“社会宽松指数”，其依据就是上述的那些细节，以及那些细节里的宽松与信任。衡量一个社会是否是发达社会，人均GDP等“硬件”固然重要，但一些“软件”更为直观，更与你我他的直接生活息息相关，更能决定我们的生活质量，因为这些细节里传递的是一个社会对普通人而不是权势阶层的尊重和关心。2007年，国际货币基金组织的《世界经济展望报告》中确定的发达经济体（Advanced Economies）为29个，分别为：美国、德国、法国、意大利、西班牙、荷兰、比利时、奥地利、芬兰、希腊、葡萄牙、爱尔兰、卢森堡、日本、英国、加拿大、韩国、澳大利亚、中国台湾、瑞典、瑞士、中国香港（特别行政区）、丹麦、挪威、以色列、新加坡、新西兰、塞浦路斯、冰岛。韩国名列其中。在此，除了明显可见的一些硬件之外，韩国社会中那些透着宽松与信任的细节，无疑也提供了一个观察和参照的角度。

首尔现代艺术博物馆外的推球雕塑，寓意多元，颇似朝鲜半岛的命运

# 韩国老人：山上，山下……

乍到韩国，时近初秋。在韩国，春秋是出游的最好季节，秋季景物之冠当属枫叶。其时不仅山区层林尽染，万山红红黄黄、色彩斑驳，就是普通校园和居民小区内的枫叶也是浅红深黄交错，赏心悦目。欲赏枫叶，当然要找有代表性的地方。初来乍到，地理不熟，于是便问学生哪里赏枫叶最好，不料他们却面面相觑，答不出个究竟，让我觉得十分奇怪。学生见我疑惑，便说赏枫叶最好是在山上，而现在韩国的年轻人都不太喜欢爬山，所以对去哪里赏枫叶不是很熟悉。我于是问道："那青年人都去哪里呢?"答曰："去明洞，去三清洞，去乐天百货商店，去江南时尚的街区呀，呵呵，所谓'明洞尽俊少，爬山多老人'也。"

听了他们的回答，还是半信半疑，寻思老人腰腿不好，身体各种功能衰退，怎么还能爬山呢？其后，在学生的陪伴下去爬北汉山，才亲眼目睹了"爬山多老人"的实情实景。我们的车子还没到北汉山，一路上就看到来自各个方向的老人在向前方聚集，其中 60 岁以上的比例很大，也不乏 70 多岁的。他们三五成群，背着背包，拄着登山杖，有的还是双拐呢，向进山的入口涌去。这些老人一般都是乘坐公交车而来，下了车还要走一段距离，所以一路上常可以看到他们的身影。他们都穿着户外专门的运动服，色彩斑斓，袖口、裤脚都收得紧紧的，显得十分精神干练。由于饮食结构合理，韩国老人中肥胖者极少，到了老年也是身材极其匀称，步履矫健，脚底生风，稍不注意，就会被其“赶超”，很有点“落伍”的感觉，深感年龄的倒挂。进入北汉山后，这种感觉更加明显，一路上顺行的、逆行的汩汩人流中，都有许多老人，年龄约在 60 岁，也不时能见到 70 多岁的，80 来岁的还未见到，其比例能占到 50% ~ 60%。好像是习惯了爬山，无论上山下山，他们的脚步都既急且稳，富于节奏感。北汉山的路不是很好，基本不加修葺，常有山石裸露凸出，但这也挡不住他们急促的脚步。这些老人一般都是以小组为单位，四五人一组的为多，一路上脚底生风，说说笑笑，很是愉快。走累了，就找一块大石头铺上席子坐下来，再拿出食物饮料，饮食小憩，在静态中观赏山石枫林之美，显得十分惬意。我们走累了，也选了一处休息，旁边不远处的几位老人极为热情地拿出韩国传统米酒招呼我们，似有相赠之意。我当时很纳闷，他们又不认识我们，在山中只是偶然相逢，为何……犹豫间，一学生说这在韩国很普遍，对陌生人很友善，老人们尤其如此。说话间，学生已经过去把韩国米酒“马格丽”拿了过来，补充我们饮料之不足。我一看此情此景，颇为感动，于是拿出从中国带来的“大黄饼干”回赠之，补充其“干粮”之不足。投桃报李，互惠互利，一时气氛热闹，双方在两块大石头上相互遥遥致意。

山上是这样，那么山下呢？韩国是一个逐步进入老龄化社会的国家，按照联合国的划分标准，65 岁以上的老年人口占总人口比例低于 4% 的国家为少年人口国，占 4% ~ 7%的为成年人口国，占 7%以上的为老年人口国。65 岁以上老年人口占总人口 7%以上的社会称“老龄化社会”，比例超过 14%的称“老龄社会”，比例达到 20%以上的称“超老龄社会”。2000 年，韩国 65 岁以上的老人占总人口的比例已达到 7.2%，已进入联合国规定的老龄化社会。根据最新数据，到 2030 年，在 20 国集团中 65岁以上人口在总人口中所占的比重，日本以 31.8%排名第一，之后依次是德国、意大利和韩国。届时，韩国的老年人比率为 24.3%。据悉，韩国人口老龄化的速度是世界上最快的。据 2000 年韩国统计厅的推测，预计 2019 年和 2026 年韩国将进入老龄社会和超老龄社会。发达国家从老龄化社会进入老龄社会一般需要 40 年以上，而韩国只需要 10 多年，从老龄社会进入超老龄社会只需 7 年。21 世纪 20 年代后期开始，韩国的老龄人口比例将同世界主要发达国家持平。

韩国首尔国立博物馆，这里是老年人经常光顾的地方

这一“老龄化社会”在日常生活中有最直观的体现。出行时，无须刻意观察，就能感觉到韩国老人外出的比例很大，在各种场合，几乎都能见到老年人的身影。他们是时时映入眼帘的一个十分活跃的年龄组，除了充满着清一色的俊男靓女的明洞、三星洞、江南时尚街之外，几乎到处都可以看到他们。

在首尔穿行，发现了一个老人较为集中的地方——首尔京东韩药市场，其历史可追溯至朝鲜时期 1650 年，是奉皇帝之命所建成的民族医药市场。韩国设有四个韩药特区，分别为忠清北道堤川市、庆尚南道山清郡、全罗北道镇安郡、忠清南道锦山郡。韩国韩药材 70%是通过这里流通，20 世纪五六十年代初这里仅有 20 余家店铺，如今已经拥有数千家超大规模的韩药经销商。去京东韩药市场，要在 1 号线的祭基洞站下车。坐上 1 号线，在祭基洞的前几站就明显感觉到老年人增多，但又不知道为什么，细心数了一下，一排 7 人的座位竟有 6 位是老年人，换了一个车厢，一排 7 人的座位竟有 5 位是老年人。到站后，在出口扶梯处略作等候时，感觉身前身后几乎被老人们包围了，登上扶梯后，明显感觉到迎面“移动”而来的入口处飘来似有若无的药材味，这时才恍然大悟——原来老人们是为保健寻药来也。韩药与中药同源，讲究从自然植物中提取药物。韩国出产最多的药材是当归和黄芪，比较常见的还有沙参、桔梗、芍药、杜仲、山药、枸杞等，韩国人消费最多的药材是甘草、生姜、当归、陈皮、黄芪、白术、半夏、白茯苓、白芍药等。韩国人服用较多的是高丽参、红参、综合维生素、葡萄糖胺、乳酸菌制品、维生素 C、钙片等，它们主要用于预防和治疗各种老年性疾病，如关节炎、腰椎间盘突出、慢性便秘、高血压、糖尿病等。一项调查结果显示，通过保健辅助疗法治疗后，66%的人群认为有疗效，而且这种疗法所支出的费用与服用西药治疗的费用差别不大，难怪韩国老人都向这个地方集结。

此外，在街道、公交站、超市、商店里，甚至在上下台阶几十米深入地下的地铁站里，也常常看到他们迟缓的身影。当然，此时的他们已经不像在山上那样坦然，而是左右顾盼、东张西望、神情茫然，唯恐走错了路。首尔的地铁错综复杂，连年轻人都时常弄错，何况这些行动迟缓的老人们。年岁大了，爬不了那么长的石梯，走不了那么多的路，于是，他们离开年轻赶路者们急匆匆的队伍，不约而同地集中到电梯周围。虽然地铁站里的直运电梯很慢，很像这些要乘坐的老人，但几分钟的等候却省去了几百米的奔波和上下楼梯的辛苦。进入车内，车厢两头都设有老年人专用座椅，于是老人们都向这里集中，显然，当年设计座位时没有预见到韩国社会老龄化速度如此之快，通常情况都是老人多于座位。在此情况下，怎么办呢？仔细观察会发现，这里也有其“潜规则”：不是谁先占了谁坐，而是谁的年龄大谁坐。怎样决定全凭“目测”判断，只要觉得车上有年长于自己的，哪怕自己也已六七十岁，仍会主动起身。我观察多次，还没有一次“失灵”的。说到 80 多岁的，在外出的队伍里还不少。一次，看到几位陌生的老人坐在一起，通过相互问路很快就熟悉起来，是两个 60 多岁的老翁和一个 80 多岁的老奶奶。途中，一翁口渴，拿出一千韩元欲趁车停间隙买水，不料在他下车之处并无售货小亭，再回来时水未买到，但座位却已属他人，不免略感失落。此时，旁边的老奶奶就为他打抱不平，向后来者说明情况，使其将座还让于此翁，几人坐定，不由呵呵而笑，似在欢庆这小小的“胜利”，脸上流露出孩子般的天真微笑。这时候，那位 80 多岁的老奶奶从皱皱的包里掏啊掏，掏出一个瓶子来，里面有半瓶有色饮料，像是豆汁，估计是家人给她准备的吧，她却慷慨地给了 60 多岁的大爷，而这老翁，也尽显天真，把自己和夫人年轻时的照片拿出来让他的同座欣赏。面睹此情此景，这三人不由笑成一团，周围观者如我也在微笑。哎，多么可爱的老人呀，天真如孩童。地铁飞驰，须臾，两翁到站，这“美丽的瞬间”也就结束了，只保留在我的文字里。

除亲身体验外，看了一些资料才知道：在韩国，老人是一个十分活跃的群体，其积极程度超出一般人的想象。随着人们的平均寿命延长，在80岁前后开始崭新人生的老人们正在增加。50～60多岁退休，65～80岁开始“第二次人生”，从80岁之后的第三次人生最长可以活到100岁。在韩国，80岁被称为是人生的“第三期”、“第三轮人生”和“第三次收获”，而欲达此目标，兴趣和志愿活动是最基本的。韩国统计厅的社会调查材料显示，参与体育锻炼运动、社会公益、学术活动和市民社会团体等的80岁以上老人从2003年的9.9%增长到了2009年的14%，并继续呈现持续增长的势态。成均馆大学经济学教授赵俊模先生分析说，“80岁以上老年人的活动半径好像正在拓宽，影响力也在不断变大，他们像青年一样，不断挑战新的领域……以前人们普遍认为80岁以后的岁月已经是上天的恩赐了，主要是靠消费或者接受其他人的照顾来度过，但是现在人们把这段人生用来工作，变成人生的第三个收获期”。

由于医学技术的进步和国民收入的增加，老年人的平均寿命延长，老年人的平均年龄随之上升。2000年老龄人口中80岁以上的高龄人口所占的比重为14.2%，预计2019年将达到23.6%。随着老年人平均年龄的增加，老年人的高学历现象也更加普遍。据2000年的调查结果，韩国的老年人中受过高中以上教育的占13.4%，比1995年的8.5%增加了4.9%。在第三轮人生中，维持健康是必须的。在韩国，2005年至今，接受了膝关节、股关节、种植牙手术的80岁以上老人增加了两倍。仁济大学白医院的姜载宪教授说：“在以前，超过了80岁这些疾病挺挺就算了，但是现在的老人都开始积极治疗。”统计厅的统计资料显示，韩国80岁以上人口为95万多人(占65岁以上老人总数的17.8%)，比10年前的48万多人翻了一番。预计明年会超过100万人，到2050年会占到65岁以上老人总数的38%。截至2009年年末，100岁以上老人有2 335人，每年有900多名老人活到100岁。

这些老人开始学习英语或社会性网络服务等新鲜事物，开始在求知和奉献中过自己的生活。参加这样的活动，人变得越来越健康，幸福指数也慢慢提高。80 岁的李贤老爷爷经常登录 Facebook 和熟人交流。他在网上是知名人士，个人主页上满是风景照片、音乐和四字成语等值得观看的东西。李老在晋州莲庵工业大学的终身教育院里，向 130 多名 55 ~ 83 岁老人讲授网络的使用和视频的制作技巧等。李

2010 年 12 月 20 日，韩国首尔景福宫地铁站举行书画展，参与者多为老年人

老说：“要以愉快地开始每一天的心情看淡所有事……怎么能落伍呢，如果懂得网络，就可以了解其他信息”，“只有年纪大的人也会使用电脑，他们才能不留有遗憾地活下去”。京畿道始兴市的金芬杉老奶奶，已年满 95 岁，92 岁时开始学习电脑，现在已达到可以制作图片视频的水平。金老说：“传闻 95 岁老人上网，不认识的人也给我发了邮件”，“可以这样和人们交往感到很神奇”。首尔江南区 80 岁的老奶奶高玉叶在江南区老人福祉馆里进行每周两次的英语学习。高老说：“因为在报纸、电视和书上没有不出现英语的，过去很郁闷”，“学习英语的同时，感觉脑子也开窍了”。她自豪地说“现在已经到了可以和年轻人穿插使用英语进行对话的程度”。还有首尔松坡区的 93 岁高龄的赵奶奶，过去也因为看不懂英语商标而十分郁闷，现在正在一天也不落地学习英语。江南区老人福祉馆的老师全子妍解释道：“16%左右的信息化教育或日语、汉语和英语学习软件用户的年纪都在 80 岁以上。”还有挑战极限运动的老人。82 岁的金钟柱老爷爷是马拉松铁人，他创下的最新纪录是 6 小时 7 分 54 秒，比去年缩短了 37 分钟。金老不论雨雪每天都坚持跑 5 公里，而首尔冠岳区 83 岁的金洪奎老爷爷则成了“田径界的传说”。他从 1994 年开始便出战国内举行的所有三项运动（游泳、单车和跑步）大赛。他说：“似乎过了 100 岁还能

跑”，“这和年纪无关，享受和挑战才是最重要的”。

这种变化也在政府文件中有所反映——2011 年 1 月 7 日，韩国法制处表示，政府的方针是将把当前法律规定的“55 岁高龄者”修改为“55 岁壮年”。这是为了应对人口老龄化等社会现象的变化而进行的修改。雇佣劳动部正在推进将《禁止年龄差别及促进高龄就业法》改为《禁止年龄差别及促进壮年就业法》，从名字开始进行全盘的修改。这部法律目前将 55 岁以上的人作为“高龄者”，将 50 ~ 54 岁规定为“准高龄者”。但是据调查结果显示，大多数民众认为“55 岁 = 高龄者”的规定与现实不符。在 2010 年 6 月雇佣劳动部进行的国民意识调查当中，半数以上被调查者认为将 55 岁定义为“高龄者”是“不切实际”的。统计厅去年发布的韩国人平均预期寿命为 80.5 岁。雇佣劳动部相关负责人表示，韩国人的寿命正逐步延长到 80 岁，因此“55 岁为高龄者”的规定是不符合现实的，决定“将 50 岁以上的人称为‘壮年’”，解释了修改法律的初衷。（蔡秉健：《55 岁将不再是高龄者而是壮年》）

又悉：联合国报告称，2000 年平均寿命超过 80 岁的国家不过 6 个，但预计到 2020 年将激增到 31 个，报告将此定义为“人类一百岁时代（Homo Hundred）”。2011 年，韩国仍然停留在“80 岁时代”。无论是年金、福利、保健、国家财政，还是教育、就业、退休制度、个人财务活动和人生规划，都是以这一切为基础进行的。但 2020 年之后如果“100 岁时代”到来，一直处于“80 岁时代”的韩国社会的所有制度、系统和国民的认识都必须发生变化。韩国企划财政部助理部长姜镐人表示：“在 100 岁时代，学习、工作和休息不能再按照人生周期进行划分，而必须要经常同时进行。我们必须创造即使在 60 岁之后也能和青年时期、壮年时期一样进行学习和工作并享受闲暇时光的社会氛围。”（崔善旭：《“100 岁时代……韩国人必须重塑人生”》，韩国《中央日报》中文网，http://cn.joins.com，2011 年 12 月 14 日）

看了这些，才更加理解为什么在韩国出行时到处可以见到老人，他们是活跃的一群，不仅没有从社会的视线中消失，而且还参与着这个社会最积极、最健康的活动，很有些“引领潮流”的意味——体育锻炼、旅游观光、社会公益、学术活动、市民社会团体。这些活动是一个公民社会的基石，而在韩国积极参与其事的，恰恰是普遍认为“已是近黄昏”的老年人群体。四通八达的交通网，无障碍交通设施，充分的闲暇时间，成熟的养老金和医疗保险制度，充裕的资金积累，使得他们活跃在社会的各个角落，健康的身体、自信的表情、孩童般的天真，在起伏的群山中，在飞驰的地铁里，在博物馆前沉思徘徊，在旅游景点集结出发……

# 土俗村“一根筋”？

一次，参观完景福宫之后，陪同的韩国朋友提议去吃吃闻名遐迩的“土俗村”参鸡汤。据说，因这里距离青瓦台不远，前韩国总统卢武铉都经常光顾这里，赞不绝口，更使得它人气陡增。参鸡汤，也叫高丽参鸡汤，是韩国人的传统饮食，被誉为韩国养生第一汤。在首尔的大街上随便转转，就能看到专门出售参鸡汤的餐馆。没喝过正宗的高丽参鸡汤，就像没到过韩国，但要论第一，则非“土俗村”莫属。

土俗村参鸡汤店外景

搭乘地铁 5 号线至景福宫站从 2 号出口出来后，沿着秋史路一直走到 CS25 便利店左转，就可看到这家大名鼎鼎的饭馆了。因为它坐落在一个十分不起眼的小巷里，一到就餐时分，门口就会排起长长的队伍，长得让人失去耐心。据说因为生意太好，就算总统来了也得排队。我们到时就是这样，由于小巷弯曲，更显得长队一眼望不到尽头，我不禁有些憷头，心想这至少要等两个小时呀。不料友人却说，来都来了，还是尝一尝吧，不会等很久的，30 分钟吧。等候期间，仔细观察这家所谓的“土俗村”，这是一座一层的韩式建筑，青瓦飞檐，红砖为墙，看来已有些年头了，仔细看，甚至有些破败，“土”和“俗”二字，恰如其分，而“村”则又平添几分农家气息，是“土俗”的另一种表现。思索期间，人流前涌，移动很快，还真是不到 30 分钟，就已坐在店内，一律席地屈膝而坐，略感拥挤，普通草鸡一碗 13 000 韩元，用料实足，全用顶级货，配上两盘泡菜及一杯人参酒；秘制乌骨鸡 19 000 韩元，浓浓的奶白色汤中放入了 30 多种韩药材，鸡体内填充了五年生人参、糯米、红枣等。我不由问道：“这里还经营其他的品种吗？比如说烤肉什么的。”友人笑道：“韩国的饭馆一般只经营一种产品，比如这里只经营参鸡汤，而经营烤肉的只经营烤肉，韩国的市场也具有这个特征，除了随处可见的农贸市场混杂经营之外，鹭梁津的海产品市场，祭基洞的药材市场，清凉里的湿鲜人参市场，可乐洞的农水产市场，都是物以类聚，分工十分明确。”我问道：“如果人多想多吃几个菜呢？”答曰：“那只好请你到中国去……”我说：“这不是‘一根筋’吗？”答曰：“‘一根筋’也有好处呀，经营一种菜品，就把这种菜品做好，做一件事，就把这件事做好，一丝不苟，精益求精，这也许就是韩国的一种精神吧，呵呵。”后来走的地方多了，注意了一下，确实如此，烤肉、热面、蒸饺、排骨汤、炸鸡、辣炒年糕……一店确实只经营一样，再多的，对不起，没有，请到别家去。但是，单就这一样来说，就是这家做得较好或最好，所以人流不断，顾客如云。这样的“一根筋”，不是很好吗？

“一根筋”，在汉语中多含贬义，大意为不灵活、认死理，明明不合理，还执著地固守。注意观察韩国人的民族性格，发现“一根筋”现象确实存在。而若仔细分析，其实，“一根筋”也有其两面性，有死板的顽固，也

首尔清凉里农贸市场上出售的鲜参，9 000 韩币 300 克

不无坚守的执著。在此，最明显的就是饭店里的席地而坐，即使是在首尔这样的现代大都市，席地而坐的饭店也不在少数，在一般小城镇，几乎全是席地而坐。这当然是自古相传的习俗，我们看古装戏里常有这样的场面，如春秋战国、三国时代。这种坐姿的弊端很多：一是很不方便，进屋要脱鞋，如鞋带太紧，则要做金鸡独立状，此时若身上携带东西，就更难受了，按说进屋要脱鞋，门口应该有一个小凳子，以方便人们脱鞋、穿鞋，但是大部分都没有。二是脱鞋子后，被“囚禁”的汗味、酸味全都挣脱束缚，弥漫室内，造成局部小范围的污染。记得有一次爬山归来，五女两男在一间屋内休息，鞋子脱了之后呛得两位女士赶紧掩面，表情痛苦。时值初冬之际，也只好打开窗户，女士临窗而坐，局面才稍加缓解。三是需要弯膝、压腿，如腰腿不好的中老年之人，久坐会感到僵硬，腰酸腿痛。四是不利于席间走动、沟通，因为大家都席地屈膝而坐，前后空间狭窄，起身既已不易，流动更谈何容易，如果要向较远处的人敬酒或是去化妆室，将是一个难度较大的动作，先要以手撑地站立起来，还要绕过坐着的人，如空间狭小，别人还要起身。如要敬酒，只能远远致意而已。记得刚到韩国，韩国学生所领进的第一家饭店就是席地而坐，赶紧逃之夭夭，最后找了一家有桌椅的就餐。其实，坐在椅子上最符合人体的生理结构，但由于席地而

坐是传统，是祖宗传下来的，所以，尽管不合理也要坚持，也要固守，这种“一根筋”精神是韩国人对传统的基本态度。就此，曾和一位韩国友人交流过意见，他说：“你说的都有道理，坐在椅子上确实最符合人体的生理结构，但席地而坐保留至今，不是因为它在是否符合人的生理结构上有多么合理，而是其中包含了传统的因素，是祖宗传下来的，在韩国，只要是传统的，就是好的，就是不容怀疑和讨论的。”这时，我大约明白了席地而坐的更多含义，其实在这个貌似简单的坐姿的背后还隐藏着一个无形的、巨大的理念，那就是对传统、对传统文化的尊重和敬畏的态度，只要是传统的，就是好的，就要珍惜，因而也就要保留，无论它在其他方面是否合理。在韩国人看来，尊重传统、敬畏祖先就是最大的“合理”，这个“合理”的力量要远远大于身体意义上的合理。他们对传统有一种无须任何原因和前提的敬畏，因为敬畏，所以固守。在这方面，韩国人是绝对的“一根筋”。因而，古代、传统，在韩国到处被呵护着，珍惜着，保留着。

在土俗村就餐，一律去鞋席地而坐

当然，对于“传统”，韩国人也不无自己的“改造”，但改造后一经确定，就固守不变。例如一千多年前筷子从中国传到韩国以后，韩国人就对它进行了“本土化”改良。韩国的饮食内容相对简单，于是筷子变得短而扁。作婚礼礼品用的筷子是银制的，筷子另外还有黄铜制的，但是这两种不常见，平民百姓使用的一律是不锈钢筷子。据说是因为战乱不断，金属做的筷子不易损坏，所以韩国人喜欢上了刚直、缺乏弹性的金属筷子，有人说这暗合了一些韩国人一根筋的思维方式和偏执。韩国所有的餐厅，包括企业、机关和学校的食堂，整齐划一地都使用不锈钢的筷子、勺子、饭碗和小杯子。还有，在韩国吃饭，餐桌上的规矩非常多。据一位韩国人介绍，李氏朝鲜后期的文学大家和儒学家李德懋 1775 年撰写了《士小节》一书。他在书中对餐桌上的礼节作出的规定，成为 200 多年来韩国人在就餐时严格遵守的“规矩”。比如，韩国人从来不自己给自己斟酒，都是由别人来斟，以示相互尊重。在日本和中国吃饭时是可以用手托着碗的，但是在韩国这是地位低下、没有教养的人才做的动作。（《韩国人恪守餐桌礼仪：从来不自己给自己斟酒》，《环球时报》2010 年 9 月 19 日）

在韩国，许多餐馆都在招牌上写明“本店材料全部国产”。据悉，韩国人奉行“身土不二”的理念，即出生在这块土地上，就要和这块土地融合在一起，就要食用这块土地所出产的食物。

“苹果”CEO 乔布斯曾说，经营之道在于要对一千件事情说不。“我对做过的事情感到自豪，但对决定不做的事情同样感到自豪。”乔布斯专注于打造设计简洁的产品。从 iPod 到 iPad 的设计，从苹果产品的包装到网站功能，在苹果的世界中，“创新意味着消除多余元素，凸显必要元素。对一千件事情说不，才能对一件事情真正说是，把事做大”。把这种理念通俗化，也就是要有一种“一根筋”的精神。韩国一家专门培训 CEO 的高端教育机构 IGM（Institute of Global Management）的成功之道也说明了这一点。POSCO 会长郑俊阳、斗山会长朴容晚、现代集团会长玄贞恩、WoongJin 集团会长尹锡金、SK 副会长金信培……这些财界 CEO 有一个共同点，那就是都是 CEO 高级职员教育机关“世界经营研究院（IGM）”的校友。2003 年 3 月从首尔清潭洞的一间办公室开始创业的 IGM，其 2010 年的销售额突破了 100 亿韩元。从最初只有 80 多人的 1 个课程发展到了现在的 14 个课程、2 500 多人听讲。至今为止，这里已经送出了 9 000 多名毕业生。回溯往事，全圣喆理事长表示，在历任世宗大学副校长期间，他开始关注起了“知识商务”。据说，随着世宗大学从 2000 年开始运营了 2 年时间的最高经营者课程，他得到了这个创意。“把 CEO 们汇聚到一起后，授课变成了次要的东西。我们挑选院友会长，大家都因打高尔夫球而忙碌不已。为了改变这点，学校邀请了外国企业的 CEO 代替教授进行讲座，并收到了满意的评价，授课满意度也得到了大幅提升。当时就想，经营一个最高经营者课程应该是个不错的主意。”（金起焕：《“知识传道士”全圣喆教授各 CEO 实现 100 亿韩元销售额》，韩国《中央日报》中文网，http://cn.joins.com，2011 年 3 月 7 日）谈到 IGM 成功的经验，全理事长说：“因为我们不做别的事情，只做 CEO 的教育，所以这方面我们是专家。而大学里是以教学为主，只是兼设了 CEO 的课程。按比例来说，大学里 90%是学生，只有 10%是 CEO，而我们 IGM 是 24 小时为 CEO 服务的，所以无论是上课内容，还是上课时间，都有着绝对的优势。IGM 能够吸引那么多名企的 CEO 的原因是我们的课程内容，比起大学里以理论为主的学习，我们更注重实践，在这里学到的知识非常实用，甚至学完的第二天就可以直接应用到工作中去。”（徐娅：《全圣喆：2010，IGM 开始走向了世界》，《韩国生活》第 42 期，第 23 页）这“只做 CEO 的教育，不做别的事情”，不就是“消除多余元素，凸显必要元素”吗？

“一根筋”的另一种意义就是事事较真，一旦认为自己是对的，做得有道理，就要坚持下去，并且坚持到底。2010 年 8 月底，韩国外交通商部将柳明桓之女柳炫善特招为五级事务官，在韩国国内引发强烈争议和舆论批评。9 月 3 日，柳明桓向韩国民众道歉，表示“为此感到歉疚”。当天，韩国总统李明博表示，要彻查事件真相。4 日上午，备受压力的柳明桓向李明博递交了辞呈。6 日，韩国行政安全部公布了“特招门”调查结果，调查显示，此次选拔的是负责法律纠纷的公务员，但在资格要求中却去掉了“具备律师资格”一项，新加了“有 2 年工作经历的硕士”条件，该条件正是外长之女所具备的。此结果披露后，外交通商部发言人金英善 6 日“向国民深表歉意”，并承诺“将以刻骨铭心的自省态度，努力恢复国民的信任”。柳明桓当天发表声明，再次就事件致歉。然而，辞职和道歉并没有止住韩国媒体的批评。他们将矛头对准了政界“太子党”，并对违反社会公正原则的特权大加鞭笞。据韩国媒体披露，从 1997 年到 2003 年，韩国外交官选拔考试之一的“二类外务考试”合格者中 41%都是前、现任高官的子女。

基于此，韩国行政安全部宣布，将对过去十年间包括外交部高官子女在内的所有特别录取者进行全面调查，调查对象达到 400 余人。《朝鲜日报》社论指出，法律和原则要战胜特权和违规，这才是“公正社会”，而这次却来了个封建时代余荫般的“特招秀”。且这种荒唐的事件，并非只发生在外交通商部。“在公职社会浸染在过去习性中的情况下，如果只向国民要求公正社会，那么公正社会极有可能只留下空泛的口号。公职社会的以身作则和自我牺牲比什么都重要。”韩国总统李明博也站在了舆论这一边，他说：“我们为韩国同时实现工业化和民主化而感到自豪，但还缺乏基础技术，也没有实现真正的民主主义社会，因此难以称作一流国家。而要想成为一流国家，必须实现公正社会。”李明博说，要实现公正社会，社会领导阶级，尤其是既得利益者，应彻底遵守公正社会的准则。“这对掌权者来说，可能是非常难办、非常痛苦的事情，但政府和执政党可能需要首先经历这种痛苦。只有通过实践公正社会，我们才能够创造出一个更高层次的国家。”

据韩国《中央日报》报道，随着 2010 年 9 月 6 日时任外交通商部部长柳明桓因特别录用其女儿而被罢免，直到 10 月 8 日为止约一个月的时间里，作为代理部长的外交通商部第一次官申珏秀经历了他 34 年来外交生涯最困难的时期。12 月 25 日，申珏秀在其用电子邮件发送的新年贺词中向公众回顾了上述内容。申次官在信中说“9 月初，部长由于特别录用事件即将卸任，作为代理部长在处理该事件的一个月左右的时间里，感觉是度日如年”。他接着说“部长子女通过特别录用而再就业这一做法在利害冲突上存在问题”，“部长女儿的职位是一年零四个月的临时合同职位，轻易地认为他的女儿会重新回到工作了三年半的单位，这种想法是错误的”。申次官说：“当时外交通商部内部的人事不满流传至外部并扩大，面对国会和媒体对外交通商部的指责”，“作为次官没能阻止事态表示遗憾，只能对后辈们表示歉意”。

你看，高官子女被“特招”这一“区区小事”，搅动整个韩国朝野，先是媒体曝光，后是惊动总统，又是高官道歉乃至辞职，还有媒体舆论跟进，开展“公正社会”、“一流国家”的讨论——这不也是一种“一根筋”精神吗？

# 韩国：点点滴滴“陌生度”

一

笔者曾几度出国，对中西社会的差异有切身的感受，也曾询问过其他出国的朋友，请他们用一句话说出发展中国家和发达国家相比，其最大差异是什么，其中不少人都不约而同地提到了“陌生度”——对待陌生人的态度——这一问题。总结他们的感受，结合自己的体验，可以说，“陌生度”是一个十分准确地反映某一个国家和社会安全程度的软性指标。衡量一个国家是否发达与进步，固然有着许多“硬指标”，如人均 GDP、环境污染程度、能源消耗量、市场化程度、商品进出口总额、百户居民拥有的汽车、电脑、电话数量等等；但也有一些更为直观的“软指标”，如是否有人在无目击者情况下闯红灯、是否有人随地吐痰、是否有人在公共场合吸烟、是否有人在公共场所大声喧哗、是否有人在无人监管时违反规则……总之，所谓“硬指标”都与物质性的事物有关，而所谓“软指标”都与精神性、修养性的人的行为有关。物质世界是人的劳动对象，物质财富总是由人创造的，比较简单，简言之，“物”是死的，比较容易控制和监管；而人的行为是其思想境界和道德水平的体现，又受各种动机驱使，比较复杂，或简言之，“人”是活的，也就比较难以限定和监管。一般来说，

“软指标”比“硬指标”更能反映出一个国家的文明进步程度，因为它们都是人的心理和修养在无意识时的自然流露。而在“软指标”的诸多子项中，“陌生度”又是一个最重要的衡量指标，因为其他的“软指标”还有着不同程度的道德规范和社会奖惩的痕迹，而如何对待陌生人则很少写进训诫和规则之中。比如，如果在闹市区随地吐痰会受到惩罚，而如果不对陌生人微笑则不会罚款。

总之，衡量一个社会是否先进可以有多种角度、多种指标，但其中最简单、最直观的一种就是一个社会对待陌生人的善意、热情和接纳程度，即“陌生度”。甚至可以说，对待陌生人的态度如何，可以反映和折射出一个国家和社会的进步程度、文明水平和国民素养。因为陌生人与所接触之人没有任何血缘、感情和物质利害关系，善待陌生人，纯粹是出于一种人与人之间最直接的感情与信任。对陌生人保持警惕、防范、冷漠等心理与行为的，为高陌生度；而对陌生人热情、信任、充满善意的，则为低陌生度。

## 二

在韩国生活与旅行，常会有一种“低陌生度”和“低防范”的感觉，这种感觉主要体现在与一些“陌生人”交往的日常细节中。身在其中，你会感到从中渗透出的善意和信任，这种善意和信任几乎遍布生活和社会的各个角落。

刚到韩国时，地理不熟，我还按照以前出国那样寻找自行车。打探中，我的一个学生说他家里有闲置不用的，共有五辆，可任我挑选。于是一日约定好了时间去他家里选车。去了之后，问他车在哪里，答曰就在地下的停车场里。一看，果然有五辆车放在那里，但是都没上锁。细看这几辆车，都是五六成新的样子，不锁，难道不怕丢了吗？学生笑着说，不会的，不会的。

2010 年 11 月 7 日，我和韩国学生白奉锦等去北汉山国家公园观赏红叶，秋寒如染，树杂红黄，一路上，既有“秋风萧瑟天气凉，草木摇落露为霜”的景致，也不乏“荆溪白石出，天寒红叶稀”的意境。北汉山基本未经修葺，很少人工设施，几乎保持了山野的原貌，有些地方山石为路，高低不平，显得有几分粗糙，极富野趣。一路上，红红黄黄，色彩纷呈，山景尽览……下山时，我们围坐在一块巨石之上休息，周围三三两两地坐着一小群一小群的韩国人，他们都在小憩或野餐。正在休息之时，我发现离我们最近的三个中年男子在向我们招手，看样子是要给我们饮料，嘴里喊着“马格利”、“马格利”的。“马格利”是一种韩国传统米酒，其英文标签是 Traditional Korea Wine，用稻米酿成，只有 6～7 度，无论居家、出门，都是我喜欢喝的饮料。我们虽说也带了一些吃的，但唯独没有“马格利”，我不禁心中暗想：哎，他们是如何知道我爱喝“马格利”的？（这当然是玩笑语）问题是，我们素不相识，他们为何要给我们饮料喝？此时车姓学生见我犹豫，说“这在韩国很普遍”，于是他过去把一瓶米酒拿了过来，几人随即分享，米酒尚凉，沁人心脾，几口下肚，疲劳全消。我此次上山带了一小袋中国的“大黄油饼干”，受人之恩，必思回报，于是让学生把有中国特色的饼干送了过去，并说明是从中国带来的。在此情境下能品尝到异国特色，那三人也显得十分高兴，他们把饼干高高举起，向我们遥致谢意，一人用汉语说：“谢谢！”事后问了一下韩国学生，答曰：“韩国这个社会是很讲人情的，尤其是中老年人，对陌生人都很友好……”

北汉山国家公园秋寒如染，树杂红黄，游客三三两两，择石而憩

三

当然，印象最深的是在巨济岛得到的陌生救助，我们三个亲历者常戏称之为“忧喜逆转长承浦”。巨济岛位于釜山西南部，面积 400 平方公里，是韩国境内仅次于济州岛的第二大岛屿，一年四季气候宜人，夏天时温度仅 25℃左右，为避暑胜地，每年 4 到 6 月前往游览最佳。岛上棕榈树等热带植物随处可见，碧海蓝天，一派完全无污染的自然美景。其周围分布着 52 个无人小岛和 10 个人迹可达的岛屿，较著名的景点有外岛海上农园、海金刚、62 个大小岛屿、10 多个海水浴场及战俘收容所遗址公园、玉浦大捷纪念公园、黑鹅卵石海水浴场，据说该浴场因海水自棱角圆滑的黑色鹅卵石滑下的动听声音而闻名。近来，不少电影、电视剧拍摄组到岛上取景，使巨济岛再度成为旅游的热点。在抗美援朝期间，美军在巨济岛上建立起了当时世界上最大的战俘集中营。从 1951 年 11 月起，美军先后把 17 万名战俘强行押到岛上，其中有 2 万多名中国战俘。长承浦港位于巨济岛的东端，是巨济岛观景的一个出发地，

从巨济岛到外岛的出发之地——长承浦码头，一派小渔港风情

巨济岛旅游区内的外岛海上农园，纯粹意式风情

巨济岛上的外岛海上农园，布满热带植物，并有意式风情的雕塑花园，素有“韩国夏威夷”之称

由此乘船可达巨济岛的许多海上景点。1889年颁布《朝日通渔章程》以后，日本入佐村的渔民们陆续进驻长承浦，后来逐渐形成了具有一定规模的村落。1930年，这里堆起了防波堤，渔港以及贸易港开始发展。长承浦港作为交易港口带动的不只是巨济岛的海上交通，物流、旅游文化也迅速发展起来。在这里，既可以展望长承浦港口的“菱浦养芝庵雕塑公园”，还能远眺“只心岛”。

巨济诸景中，以外岛海上农园和海金刚最为著名，我们一行三人去巨济岛的目标就是那里。我们乘坐长途汽车从釜山出发，经由连接巨济、通营的长740米的巨济大桥进入巨济岛，到达长承浦码头，买好了去外岛的船票。由长承浦去外岛，必经过“巨济海金刚”，海金刚岛在1971年时被确定为闲丽海上国立公园中的第二号名胜，其代表景点是十字洞和狮子岩石、烛台岩石、弥勒岩石、仙女岩石、骷髅岩石、蟾蜍岩石等，其间夹杂松树及其他植物。不时有海鸥在岛的上空搏击风浪，自由飞翔，组成一幅美丽的风景画。突现一岩洞，游船从中穿过时呈现十字形状，故称十字洞。

上了外岛，风景秀丽，远离尘嚣，确实名不虚传，就是小了点，而且时间紧迫，只留给游客90分钟游览时间。外岛素有韩国人的“夏威夷”之称，为巨济八景之一。岛上有天然形成的茶树林，800余种亚热带植物，以及雕塑公园、意式欧洲庭院等充满异国风情的景点。藏在植物中的扩音器播放着欧式古典音乐，构成一种悠闲高雅的氛围，徜徉其中，陶然忘归……从长承浦出发时，天色尚阴，到外岛后，云天开处竟有阳光下洒，衬得景物越显秀丽可人。两位同伴不时催我，别忘记了回程上船的时间，当时虽已知道在岛上只能停留一个半小时，但另一种念头也很顽固，最后竟然成了主导意念，即来外岛这里的船很多，未必非得乘坐来程的那艘返回。同伴对我此念颇感疑惑，一再催促“不要错过回程的船”，并且脚步匆匆，而我此时主观压倒了客观，固执地认为，这艘误了还有下艘。如此美景，需细细欣赏，何必汲汲言返……岂不知，正是这种主观定见铸成了此行的大错——坐错船了！更为严重的是，坐错之际我们还并无知觉。游览完毕，来到码头，见得有一船靠岸，人们纷纷涌上，我们三人也随之上船，但并不知道这艘船不开回长承浦，而是开往一个叫做“古浪里”的小码头。

外岛海上农园旁的小码头，泊着不少游船

其实在船里已有感觉：来时波涛汹涌，回时风平浪静；来时耗时约50分钟，回时仅仅20多分钟；来时分明见到了海金刚，回时其踪影全无，海上蒸发……哎，由于我的主观臆断，导致巨济之行陷入困境——我们要回长承浦，却来到了古浪里。用英语问了几个当地的船夫，肢体语言的回答是一窍不通，这才想起这里不是首尔，不是在大学里，英语自然不灵。此时，身在陌生之境，地形不熟，加之韩语不通，周围也没有懂汉语的人可以帮忙，而从长承浦返回釜山的车票已经买好，今晚的住处还没有着落……这可如何是好？情急之下，四处张望，还是夫人眼尖，竟然看到了一水上警察局，她不由念念有声"警察局"，于是"有困难，找警察"六个大字跃上心头，在她的建议下，我们到了警察局里想办法。先出示护照，用最简单的英语与之沟通，没想到在这僻远之所，在一个小到只有两个人的警察局里，其中一位竟然可以用英语和我们沟通。我们报上身份，说明事情原委，这位名为欧阳苏的警官看上去很质朴，很理解我们的处境，他安慰我们先不要着急，并立刻打电话进行沟通，最后告诉我们20分钟后会有专用警车来接我们到长承浦。不想我们原先认为天大的难事竟然这样轻松地得到了解决，心中充满了感激之情，在夫人的热情提议下，我们与欧阳警官在警察局门前合影留念。没想到的是，乘坐警车回长承浦不仅仅是解决了交通问题，避免了回程在风浪中的颠簸之苦，还开辟了另一个旅游视角：原来在巨济岛的四周外廓都修有海岸路，沿此路可环游海岸线、海水浴场及周边岛屿，从古浪里至长承浦的山路盘旋于悬崖峭壁之上，是俯瞰岛屿景色的最佳行车路线之一。此时夕阳西下，余晖橙黄，映照着渐行渐远的古浪里小海湾，港湾、渔船、桅杆、海鸥、鱼铺交织而成的景色犹如一幅静静的油画，沉浸此景之余，更多的是心存感激——那只有两个人的海上警察局，那会说英语的质朴的欧阳警官。我们三个身在异国他乡的陌生人，由于自己的错误，使群体身陷困境，却在这里得到了热情的帮助。

四

如果用“陌生度”这把尺子来衡量，笔者在国内所在的城市似乎尚处于高“陌生度”、高“防范型”社会。以居所为例，我在韩所住的新明公寓由 5 座高 20 多层的楼组成，每天出行，稍加观察，可以注意到其一层有上百户居民，但阳台、窗户无一家安装防护栏。而从我在国内住所的窗户望去，对面公寓的五层楼都已经封上了铁栅栏，本楼也安装到了五楼，多功能的防盗门安装到家家户户，人们警惕的眼睛从小小的窥视镜里打量着外面的世界，注视着陌生人的动静。另外，可以注意到，五六十年代非常普遍的简易型自行车锁今天几乎已经绝迹，取而代之的是各种坚固的 U 形锁、钢丝锁，重的可达数公斤，锁的变化折射出人们的警惕和防范之心的增强。一把不放心，有的还要再加上一把，我见过最多的是一辆新车上竟然锁了 3 把锁，而且都是重量级的，它们明白无误地透露出“防人之心不可无”的心态。器物的防范是如此，人际交往的防范也存在，“不要和陌生人说话”、“不给陌生人开门”已经成为人际关系的基本常识，也成为父母嘱咐孩子出现频率最高的句子。《零点宜居指数——中国公众城市宜居指数 2006 年度报告》显示，有多达 55.5%的市民不知道邻居的工作单位，42%的市民不知道邻居的名字，33.3%的市民不知道邻居家庭有几口人，10%的市民根本就不认识自己的邻居。总体评价为，城市当前社区建设处于不及格水平(53.8 分)。记得有一篇文章题为“对门有多远”，文中写道：“明天，我一定能买一张机票飞向天涯海角；但是明天，我不一定能抵达对门客厅的沙发。永远有多远？就有我到对门的客厅那么远。”阿姆斯特朗已经从月球回来好多年了，他说他代表人类迈出了一大步，而我、我们甚至还没有抵达对门。其实，这只需一小步。

葛红兵在《中国人：你的信任去了哪里?》中也写道："上海有个调查，上海居民仅有不到2%的受访者表示会让陌生人进家门。这是什么意思呢？是人与人之间的不信任。'陌生人都是坏人'，或者直白一点儿说吧，98%的受访者倾向于认为'陌生人'更大的可能是'坏人'。……多年前，我坐公交车，邻座是一个小男孩，我们同路接近一个小时，我对他为什么坐一个小时车上学好奇，就问他，第一次问，他看看我不回答，第二次问，他看看我起身头也不回地走开了。这个小男孩是怎么了？为什么就不能和一个陌生人好好说话，正经八百地回答一下陌生人的问题，闲话一下？他为什么对陌生人那么恐惧?"

"陌生度"之高低，一比较立见优劣。

曾经留法的熊培云先生在《思想国》（中国友谊出版社，2007年）里写道："我的一位留学生朋友，从出戴高乐机场开始便'不过如此'地忧郁起来。但很快他改变了看法，'几个月来，每天都有人向我微笑，即使是陌生人见面也会互道一声bonjour（你好）；我进大楼时，走在前面的人会轻轻挡住门扉等着我；我横穿马路时，每个司机都彬彬有礼，为我这样不名一文的异乡人停车。我感觉自己受到了尊重，我报之以微笑，拥有这些记忆的一生是幸福的，我因之不虚此行……'微笑是一种人道，它是精神领域的社会契约，谁也不该少一份责任。前些日子，巴黎11区的部分居民联名抗议350家华商，因为他们清一色的服装店使街区商品多样性与整洁环境遭到了破坏。法国人坚持文化多样性是世界有名的，但具体到这件事，还有文化上的认同。一位居民向记者诉说她的怨愤——我抗议更是因为中国人见面冷冰冰，从不打招呼，不像邻居!……法国人说，人生哭泣始，快乐终，我们寻求一个理性、标榜个性与自由的社会，但这并不意味着从此冷若冰霜。"

形成这种高"陌生度"、高"防范型"现象的原因是多方面的。其中最主要的是中国目前还处于社会转型时期，贫富距离拉大，社会分化严重，不确定性、侵犯性、破坏性因素增多。近日，摩根斯坦利首席经济学家史蒂芬·罗奇发布最新的经济研究报告，称中国目前的国民储蓄率接近50%，家庭储蓄率约为目前收入的30%。在世界各大国家中，中国人储蓄意愿最为强烈。罗奇援引“世界各国消费”数据解释说，2005年，包括美国、欧洲、日本、中国和印度在内的世界主要国家和地区中，中国当年的个人消费总额仅略高于印度，还不到美国的1/8。而与此同时，中国家庭对每年能储存起来的金额的数量也越来越不满意。一些城市家庭认为，他们的平均生活费高于年收入的10%，对就业和收入的不安全感，让他们不得不进行预防性储蓄。当然，还有其他种种原因，一篇小文，难以细述。

五

中国社会正在转型。从经济角度讲，是从计划经济转向市场经济；从政治角度看，是从集权政治转向民主政治；从法制角度看，是从“人治”转向“法治”；从社会角色扮演看，是从“身份”转向“契约”；从价值观分析，是从群体主义转向个人主义……但是，若从社会学角度剖析，则是从“熟人社会”转向“陌生人社会”。转型前的中国社会，是一种典型的“熟人社会”。“熟人社会”，亦称“熟悉的社会”，这一原创性的概念，是著名社会学家费孝通先生在《乡土中国》中提出来的；与此同时，他也提出了“陌生人社会”这一概念。他指出，由于中国传统社会是典型的血缘组织和地缘组织的结合体，所以在“乡土中国”中，人们很少流动，“他们活动范围有地域上的限制，在区域间接触少，生活隔离，各自保持着孤立的社会圈子。乡土社会在地方性的限制下成了生于斯、死于斯的社会。常态的生活是终老是乡。假如在一个村子里的人都是这样的话，在人和人的关系上也就发生了一种特色，每个孩子都是在人家眼中看着长大的，在孩子眼里周围的人也是从小就看惯的。这是一个‘熟悉’的社会，没有陌生人的社会”。“熟悉”作为一种心理感受，是“乡土中国”制定“潜规则”的基础。“在一个熟悉的社会中，我们会得到从心所欲而不逾规矩的自由。这和法律所保障的自由不同。规矩不是法律，规矩是‘习’出来的礼俗”。在乡土社会中，不是没有规则的约束，例如孝、悌、忠、信等，但那都是以私人关系为纽带的道德元素。儒家的“五伦”——父子有亲，君臣有义，夫妇有别，长幼有序，朋友有信——所讲的都是如何处理好“熟人”之间的关系，丝毫未涉及陌生人的社会，因为从本质上说，中国传统社会就是一个“熟人社会”。在其中，关于“熟人的伦理”比较发达，而关于“陌生人的伦理”则处于缺失地位。

“熟人社会”是实现现代化的障碍。在“熟人社会”中，由于人们彼此熟悉，相互之间有着千丝万缕的联系，相互交换的不是“利益”而是“人情”，制度上的透明度很低，这就极大地制约了作为现代化社会动力的商业、贸易、契约、法律等行为的发生，恰如费先生所说，“‘我们大家是熟人，打个招呼就是了，还用得着多说么？’‘这不是见外了么？’——这类的话已经成了我们现代社会的阻碍。现代社会是个陌生人组成的社会，各人不知道各人的底细，所以得讲个明白；还要怕口说无凭，画个押，签个字。这样才发生法律。在乡土社会中法律是无从发生的”。（《乡土中国》）

六

从某种意义上讲，西方现代社会本质上是一种“陌生人社会”，即社会流动性增大，绝大多数的社会交往行为发生在彼此互不相识、素昧平生的陌生人之间。首先提出“陌生人社会”这一概念的是美国著名法学家劳伦斯·弗里德曼，他在《美国法简史》中详尽地论述了现代社会的“陌生”本质，他说：

> 在当代世界，我们的健康、生活以及财富受到我们从未而且也永远不会谋面的人的支配。我们打开包装和罐子吃下陌生人在遥远的地方制造和加工的食品；我们不知道这些加工者的名字或者他们的任何情况。我们搬进陌生人——我们希望是精巧地——建造的房子。我们生活中的很多时间是被“锁”在危险的、飞快运转的机器——如小汽车、公交车、火车、电梯、飞机——里度过的。制造工序中的一个错误步骤，飞行员或驾驶员一个简单的“人为错误”，都会将我们的生活置于危险之中。事实上，我们作

为个人，对于生活的很多——使用机器和机器制造的物品的——方面都是无能为力的。我们被机器束缚着，因此我们的生活也掌握在那些制造和运转机器的陌生人手中。

因此，如何处理与把握和那些素不相识但又利害攸关的“陌生人”的关系，建立一种“陌生人伦理”和游戏规则，成为西方现代社会中的主要议题。从“熟人社会”到“陌生人社会”，体现出一种社会的进步，是一种历史的必然，因为如上所讲，在“熟人社会”中，不会产生现代化的许多必要元素。现代社会要处理和面对的，是与来自四面八方、不同背景的“陌生人”的关系。因而，如何处理好与陌生人的关系，如何对待陌生人，对陌生人的态度如何，不仅是个人交际的私事，同时也体现出一个国家与社会的进步程度和文明水平。

衡量一个社会是否是发达社会，人均 GDP 等“硬件”固然重要，但一些“软件”、“软指标”更为直观，更与你我他的直接生活息息相关，更能决定我们的生活质量，因为这些细节里传递的是一个社会对普通人而不是权势阶层的尊重和关心。“陌生度”显然就是这些“软指标”之一。不是对熟人，而是对陌生人的态度，才是衡量一个社会、一个国家的文明程度、社会进步程度的标准。“低陌生度”——对陌生人友好、松弛，反映出这个国家的心态健康，社会安全感高；反之，“高陌生度”——对陌生人防范、警惕，则反映出这个国家的社会紧张，社会安全感低。当下，中国的状况还不尽如人意，但这是发展中必然要经历的“陌生化阶段”。

韩国社会中那些透着宽松与信任的“低陌生度”，无疑也是衡量人们生活质量的一个不错的观察和参照角度。

# 行在韩国

⊙

# 行在韩国：山痕处处，石迹斑斑

韩国是一个半岛国家，全国70%是山地和丘陵，一马平川式的平原面积很少。北部和东部多有连绵的高山，西南部逐见平原和稻田，具有东北高、西南低的地形特征。人在韩国行，所乘之车经常是在两侧的丘陵或山峦的中间穿梭往还，很像山中的水流在两山之间的低谷处流动。只有向南走，到了庆尚北道或全罗北道地域，才逐渐看到大片大片平坦的农田。后来看了资料才知道，韩国海拔500～1 000米的地区约占国土面积的一半，海拔1 000米以上的地区则占25%以上。丘陵多集中在东北部地区，西南部则是一望无际的平原，也是韩国的谷仓。太白山脉沿半岛向整个东海海岸延伸，由于受东海波涛的冲击，东海岸形成一片悬崖峭壁和岩石小岛。半岛东部的海岸线较平直且水深，西部海岸线较曲折而水浅，南部海岸曲折多湾，分布着3 400个大小岛屿。就其幅员和人口而言，韩国拥有相对多的河流，这些河流在形成韩国人的生活方式和实现韩国工业化方面都起了重要的作用。韩国境内丘山起伏，峰峦叠翠，河流纵横，风景秀丽，素有“三千里锦绣江山”之称。

这样的地理环境让韩国与山、石如影随形，称得上是“山痕处处，石迹斑斑”。从精神上讲，山是韩国民族精神特别重要的象征；初来韩国，最明显的感受就是山与石不时进入人的视野和日常生活。当然，最直观的，

韩国为丘陵之国，近山之国多得石，左为临津阁附近的南北瞭望台，右为济州岛的柱状节理带

在韩居住于新明公寓小区，不同小区以石为界，其间杂种花木，石缝中亦可争奇斗妍，纵横南北，大致如此

就是所住的小区新明公寓就在小山丘上，山虽不高，但也有些坡度，每次去学校就是下山，回家就是上山。长期生活在平原地区，习惯了无坡度的环境，初来时还真不太习惯，经常累得气喘吁吁的，后来才感觉到这是十分健康的有氧运动方式，去学校一次，就是一次小小的爬山运动。散步时注意了一下，小区的周边一律以大青石标界，石块大小不等，简单地堆砌叠加在一起，素朴中透着一股大气，石缝中间种杜鹃花，开时如火在燃。后来走了几个地方，从南到北，从东到西，才知道这是韩国生活小区外围的统一模式。山石叠加，环绕小区周边，其间杂种着各种低矮灌木与花卉，

这样既使得界限分明，又显得十分自然，胜于一般围墙的死板和僵硬。

梨花女子大学校内的石槽，古朴大方

佛国寺的石鼓，古风尚存

当然，说到“山石韩国”，离不开学校。韩国人重视教育，5 000 万左右的人口，专科、本科学校共有近 400 所之多，而“大学建在山上”则是其基本的“校策”。就拿水原大学来说，校区就建在一片小丘陵丛中，图书馆、学生宿舍、行政楼、下属学院等，基本建在一个小小的山头之上。到各处去办事游览，都要爬山，而各学院之间一般都隔着小丘，丘陵间多松树，虬枝盘桓、枝叶交错之间，不时传来鸟鸣，阳光从枝叶间透过，一年年积累的落叶，已经构成了一层厚厚的“叶毯”，行走其上，十分松软，又不时会看到大树卧下，年久已成枯木，也无人看管、收拾，一任其自然状态……平时诵王维诗，最喜其《鹿柴》中句：“空山不见人，但闻人语响。返景入深林，复照青苔上。”又喜《辛夷坞》：“木末芙蓉花，山中发红萼。涧户寂无人，纷纷开且落。”当然，这里乃小丘也，难敌王维之终南山，但细品其自然之态却不无相似之处。尤其在人口密度很大的大学，以前的印象就是人多，不想在这里，在人员最密集处却感受到了古人诗句中的野趣，更妙的是从这种自然野趣中又很容易接触文明和知识。水原大学的音乐学院就建在山上，据说其音乐在韩国可排前五，其中钢琴可入前三，行走松林之间，学生们练声、弹琴、吹笛的曼妙之声不时飘传入林间，与小鸟的啁啾之声一起，组成“山行闻乐”的美妙乐章。这时，又不觉想到王维的

《竹里馆》："独坐幽篁里，弹琴复长啸。深林人不知，明月来相照。"这琴声虽非出自自己之手，但有山、有石、有松、有竹、有鸟、有乐，却不无相似之处。

水原大学校内的小湖以石为岸，古朴中透着一股优雅之气

起初，我以为只有水原大学是这样，后来走了几所大学才知道，其大多与山石相依为伴，并多有过之者。来韩已逾三月，也算去了几所大学，除了"母校"水原大学外，还因各种缘由去了抱川市的大真大学，庆山市的岭南大学，水原市的庆熙大学，温阳温泉的顺天乡大学，首尔市的首尔大学、高丽大学、东国大学、成均馆大学、国民大学等，发现韩国的大学都是建在山上，都与山石有不解之缘。这当然是因为大学占地面积较大，而韩国山地多而平地少，如大学建在平地，肯定要消耗大量的民用土地，所以"大学建在山上"无疑是明智的选择。这不仅节省了一般性的平地，还把本来没有居住和使用价值的山地开发出来，使其具有平地的居住、教育功能。"文似看山不喜平"，其实大学的校园更需如此，"爬走"在韩国大学那崎岖不平、高低错落的校区，尽管就"走路"来说确实十分不便，但其造成的移步换形的审美效果在平地却很难欣赏得到。

2010 年 11 月 12 日，游览了岭南大学，其校园之大，使从水原来的我不觉有"河伯观海"之叹。岭南大学位于庆山市，1967 年在韩国前总统朴正熙倡导下，由原先的大邱大学（1947 年成立）和青邱大学（1950 年成立）合并而成，发展成为韩国最高水准的大学，是最大规模的私立名门学府之一，有韩国的"皇家大学"之誉。一入岭南大学，就感觉其空间开阔，气势不凡，建筑布局合理，多空闲之地，其上栽种各种植物，校园之大，令人感叹。尤其是旁边有小山环绕，其地是校园的六倍，加在一起，其占地面积据说在韩国大学中可以排到前三，也有第一之说。据说一个中国女生来岭大三个月后，还经常迷路，有一次迷路“山中”，不知所措，竟然哭了起来，后被人发现，送其安全返回。当时，接待我的岭南大学的中国老师虽然到岭南已逾两月，但一次晚上我们一块从庆州回来，在山林树木中穿梭，一不小心，还是迷了路，其校园之大，可见一斑。韩愈《山石》诗有云：“山石荦确行径微，黄昏到寺蝙蝠飞。……夜深静卧百虫绝，清月出岭光入扉。天明独去无道路，出入高下穷烟霏。山红涧碧纷烂漫，时见松枥皆十围。”那天晚上穿梭迷路之时，不知为何，竟然想起了韩公的这首诗。险峻的山石、狭窄的山路随着我们急匆匆的脚步而移步换形，也许有点意境相似吧。首尔大学的校园也不小，最直观的是：去哪里都要坐校园内的公交车，竟然有三四路之多，分别到校内的不同地方，坐错了，要走不少“山路”才能“纠正”过来。在其校内行走，也是古木参天，山径蜿蜒，台阶密布，小路曲折，落叶缤纷。后来又去了庆熙大学，其时正值晚秋，红叶稀疏，在校园内的丘陵间穿梭徘徊，不禁吟念王维的《山中》诗：“荆溪白石出，天寒红叶稀。山路元无雨，空翠湿人衣。”

人在韩国行，所见山痕处处，石迹斑斑，除了大学之外，另外较深刻的感受是“近水楼台先得月”，而“近山之国多得石”。在韩国，许多大学的校训、文化遗产、寺庙、纪念碑、雕塑均是就地取材，以石为料，最常见的是一块整石，或卧或立，位于一石头台上，其上雕刻相关文字。刚到水原大学的第二天，在学校内就发现了“俭素、正义、创意”的校训，就是刻于一大块竖石之上。粗粗查了一下，目前仅仅摄入照片的“石照”就有：北汉山国家公园石碑、石佛，露积寺石碑，成均馆大学建校六百周年纪念馆石碑，成均馆大学门口“大小官员到此下马”之石碑，水原大学校训，惠化街雨社金光均诗碑，惠化街头粗石貔貅，温阳民俗博物馆群雕石林、石碑，世界文化遗产之庆州历史遗迹地区石碑，佛国寺石桥、石墩、石屋等，庆州新罗文化之瞻星台，伽倻山国家公园石碑，海印寺佛塔、佛珠等，庆熙大学校门之罗马石柱，庆熙大学内石雕《思想者》，青瓦台国宾馆的廊柱巨石，仁寺洞古董店……称得上斑斓多姿。而其共同点则有一处，那就是由于都是取材于山石，不加雕琢，尽量保持其原貌，透着一种古朴素雅之美，形成一种举国较为统一的审美情趣。

位于庆州的世界文化遗产新罗古代观星台，全用石头砌成

济州岛火山石垒成的石头墙

在韩国走的地方多了，也就更加留心其山石的痕迹，发现石材是其建筑中应用最多的材料之一，如大小建筑的台阶、墙壁、围墙、廊柱等多以石材为之，既显得古朴大方，又结实耐用。参观温阳民俗博物馆时，看到古代朝鲜先民的用具就已是多取于山石了，如石斧、石磙、石棍、石臼，石碗，石锅、石台、石桌……大约属于新石器时代之物，其制作粗粝古朴，透着一股历史的天然气息。行在韩国，山痕处处，石迹遍布，不仅从直观的实物角度领略其国情，更从精神层面上感受着这个民族的性格。看韩国足球时，总能感觉其运动员身上透着一种单纯、简朴、硬朗、粗犷之气，这不就是山石的性格吗？

# 行在韩国：阴差阳错“冤枉路”

水原大学地处京畿道大首尔交通圈之内，所谓大首尔交通圈，是指以首尔为中心，北至抱川、东豆川，南达牙山、温阳温泉，东至江东，西至仁川范围内的交通系统，面积在300平方公里左右。凡是这一圈内的各个地点，均可乘坐地铁抵达，即使不能直接抵达，借助各路公交车，也很方便。这一圈内的交通结构，可以用密如蛛网、复杂多变来形容，即使是本地人，稍不注意也容易因迷失而走了冤枉路。对我们这些地理既不熟、语言又不通的外来者来说，更是如坠云里雾里，这就是我们这些初来乍到者的真实写照。行在韩国，阴差阳错地走了“冤枉路”，是家常便饭。

刚来时，人生地不熟的，我想一人去首尔，韩国朋友闻后，脸上闪烁着担忧的表情，不无神秘地说，小心呦，别走丢了……当时心想，每站均有中文站牌标识，车内还有中文报站，怎么会走丢呢？奔波了一段时间后，才感到所谓“别走丢了”真非虚言。这主要是因为大首尔的公交系统十分复杂，一不小心，就会走“冤枉路”。2010年10月30日，去大真大学参加中国学者联谊及研讨会，要坐1号线先去“议政府”站，然后再乘车前往。单说这1号线，它的东南部起点既有新昌又有仁川，而终点呢，则是既有逍遥山又有清凉里。而你所乘之车究竟到哪里，全凭车头标识、韩语广播和字幕辨识，一旦坐错，倒乘起来十分麻烦且费时。我上了1号线确认此车到“议政府”站无疑后，才放心乘坐，一路还算顺利，但车到了“城北”站后，等候时间较长，人忽然下光了，好像是发生了什么事情，广播又听不懂，只好用英语打探，原来此车不再前行了，要掉头向仁川开，如果继续乘坐，岂不误事！于是按照别人的指点，下车过了天桥，又换上了一列据说是可以到“议政府”的车，当时直纳闷——为何同是到“议政府”的车，要过天桥乘坐另一个方向的车？疑惑间，此车开动了，没想到刚开出两站，又往回开，广播虽听不懂，但方向相反是很明显的，于是又问怎么回事，原来此车又有新的任务，我们要返回“城北”站，重新搭乘一列去“议政府”的车。还是1号线，一次从首尔市内返回水原，过了“九老”站后，明显感觉不对，因为去水原方向的下几个站是“加山”、“始兴”、“光明”的，而屏幕上显示的站名都是我不熟悉的——“九一”、“开峰”、“梧柳洞”等，一看不妙，原来同是1号线，有的车是去仁川的，有的车是去水原的，而我坐上了前者。只好再从“梧柳洞”返回“九老”，坐上了去水原的车才得以返回。

说到坐地铁容易迷路，还是因为其同一站的上下行方向有时不在一个入口。说到地铁入口，一般情况是上下行方向都从一个入口进入，下去后两侧一边一个方向。如果是这样，则比较简明，不会出错，只要看好自己去的方向就是了。但这种习惯和意识一旦养成，就会形成“入口定式”，结果走了冤枉路。我曾好几次按此“入口定式”走下，结果却发现进入了反

2号线某站，换乘方向不同，则所去站台指示牌上各异，极易走错

方向的车道，隔着玻璃门眼睁睁看着自己要坐的那个方向的车疾驰而过，就是不知道如何才能抵达对面。问了好几次才搞清楚，原来是有的上下行入口分为两侧，进入时要看清是哪一个方向的，还有的情况是两个上下行入口根本就不在一处，而是在另一处，上面分别写着此行的方向，要特别小心才是。不知多少次，走错路后与要坐的车隔门相望，徒唤奈何！如果是几条线的交汇站，再加上上下行入口分岔，那就更要注意了，如钟铬三街是 1 号线、3 号线、5 号线的交汇站，记得在这个站我至少两次走错了入口，看着对面的玻璃窗直发呆。

另一种冤枉路属于信息不充分。如我有一次要到首尔江南区的论岘洞参加活动，主办方只通知了开会地点是首尔市江南区论岘洞 50-1 番地三星生命论岘大厦，集合地点是地铁 7 号线论岘站 7 号出口，但并没有说明这两个地方之间的关系。其实，7 号出口右侧就是三星生命论岘大厦，而最后引导大家出了地铁口寻找这个大厦的老师也不知道二者的关系，他带着我们十几位老师又走了约莫地铁一站地路程也没找到，于是又往回走，回去一看，所谓“大厦”其实就在 7 号出口旁边。那天走得真是冤枉，一群人在寒风中多走了足足 20 多分钟！其实如果在会议通知上写明“开会地点三星生命论岘大厦就在 7 号出口旁边右侧”，不就行了吗？看来，信息传播的要点是要提供全部信息。还有一次，我要去水原市出入境办公室办事，问了很多人居然都不知道坐公交车如何抵达，最后问了一个刚刚在那里办完手续的中国学生，答曰坐 34 路到头即可。因为此前坐出租车来过，待我按照其路线坐到头之后，发现这里并无出入境办公室的迹象，但很可能就在这附近，距离这里不会很远。只好到处问人，韩语不通，汉语、英语又很难沟通，情急之下，拿出自己的护照问一个司机，他仔细地给我画了一张图，三拐两绕的，距离 34 路终点站还有一段距离，且地形十分复杂。据此来看，说“34 路终点”只是完成了一半的指路信息，还有一半需要自己揣摩、咨询。

即使信息充分，但如果主观臆断，其结果也会导致多走“冤枉路”。如 12 月 2 日参观青瓦台，按说此时来韩已逾三个月，积累了一些经验，知道事前调查研究和掌握充分信息的重要性。尽管如此，还是出错了。此次错误简单概括即是：仅凭着主观臆断，结果走到了青瓦台的后门，也就是参观结束时的出口，而距离入口则很远了。事前掌握的信息《参观青瓦台指南》中明明写着：上午 10:00 参观者需要提前 20 分钟到景福宫东侧的安全检查亭接受安检，然后乘坐旅游大巴集体前往青瓦台前门入口。到了景福宫站之后，看地形图也写得很清楚：4 号口附近有青瓦台，5 号口通往景福宫。很明显，应该从 5 号口出，但不知为何，看到“4 号口附近有青瓦台”的信息后，我们竟然主观臆断为：应该从 4 号口出，直奔青瓦台。很明显，这是一个错误——因为如果这样就走到了青瓦台的出口，而不是入口，况且没有经过安检，怎么可以参观呢？接下去自然是一系列的错误，到了青瓦台后门，看到众多便衣警察，结果被告知，参观应该在前门接受安检，经历了无数的曲折之后，我们赶上了 11:30 参观的那班，但是从 9:30 到 11:30 的两个小时的时间和精力已被消耗掉了。如果当时严格按照《参观青瓦台指南》来做，就不会犯这样的错误了。

就算由于各种原因走了“冤枉路”，也要设法补救，把损失降低到最低程度。一日，陪友人李君去温阳洗温泉，洗完后预留一个半小时从温阳赶回水原上火车。一般而言，从温阳温泉到水原的地铁运行时间是 70 分钟，友人就在那里上火车回庆山。友人的火车是 18:48 开车，也就是说我们必须在 18:40 之前赶到水原车站，我们于 17:05 进入车站，预留了大约 95 分钟坐车时间，唯独忘记了预留等车时间。幸亏后来应对得法，把时间抢了回来。李君专有《亲历“生死时速”》一文留念，登在《韩国生活》杂志上。

当然，还有一种“冤枉路”完全属于审美价值判断方面的，即这一旅游景点并不值得前往，如去庆尚南道的庆州旅游时所参观的石窟庵。石窟庵与佛国寺都是新罗千年古都庆州驰名的景点，去之前给人以难分伯仲的感觉，觉得都要去看看。看完佛国寺之后，赞叹不已，很有流连忘返之意，心想石窟庵即使不如此，也不会差许多。谁知到了一看，大失所望，这不是因为有佛国寺在前，映照之下，石窟失色，主要是因为石窟庵作为一处历史文化遗产虽然蜚声韩国内外，但作为一个旅游景点则缺乏观赏性。且庆州市内景点众多，而单去石窟庵就要花费 3 个多小时，这些时间不如用来去看庆州市内的一些景点。而去了石窟庵返回庆州时，已是下午 4 点左右，初冬时节，天色已暗，观赏、拍照，已非最佳，且夕阳西下之时，许多景点都隐匿在昏暗色调中，蜻蜓点水，一一掠过而已。当然，这种判断完全属于个人审美价值方面的，已不在一般的“冤枉路”之内了。

前事不忘，后事之师。至今日，来韩屈指已愈三月，也算去了一些地方，如何避免上述所经历过的“冤枉路”，大致可总结如下一些经验：一是要进行详尽的事前调查，包括旅游价值审美判断，你所去的地方之前肯定有人去过，也肯定有许多相关的信息，除了《指南》、《须知》之外，还有很多游记、心得等，里面都有宝贵的经验和教训。二是把你要去的地点用汉语、韩语、英语一一写在一张张小纸条上，上车之后就向人询问此车是否抵达此处，在何处下车等重要信息。这样虽然显得烦琐了些，但和走冤枉路相比，还是简单的。三是坐地铁时在上下行入口要仔细、谨慎地找到正确的方向，在此，宁可多费几分钟，也不要鲁莽进入。四是记住出口，有的较为复杂的出口有六七个，走错一个，枉费脚力，虽不是“大冤枉”，也是一个“小冤枉”了。

人在陌生国度出行，阴差阳错是必须付出的代价，“冤枉路”是必须要交的“脚力”学费，如同我们的人生一样，不是也充满了许许多多、阴差阳错的入口与出口吗？要紧的是，走错了路，要知道是怎么错的，广义上的“冤枉路”虽不能100%避免，但具体的“冤枉路”却是不必再交学费了，因为错了一次的地方下次肯定就不会再错了——如果再去青瓦台的话。

# 仁川，大阜岛一夜

从某种意义上讲，仁川这个城市的知名度对中国人来说并不比首尔低，这不仅仅是因为它有覆盖京畿道和大首尔地区的唯一国际机场，还是因为它与我们这一代人的国际知识有着直接或间接的联系。所以，欲到首尔，先临仁川，仁川是一种诱惑。2011 年 3 月 18 日，星期五，我在首尔参加“纪念新 HSK 实施一周年韩中文化论坛”，本来准备夜宿江南区，第二天在首尔一游，但最终还是决定去仁川海边海景房小住。

当晚 7 时，从首尔江南区的“艺术殿堂”附近出发，前往仁川，直达那座海景房。虽还未春暖花开，却也是“面朝大海”……暮色苍茫中，首尔飞快向后逝去，仁川则渐渐展现在我们眼前。韩国最长的大桥和最高的

仁川登陆作战纪念公园

大楼在哪里？答案是经常在电影、MV和各种广告中出现的仁川松岛国际城。据说，在有“韩国迪拜”之称的仁川松岛国际城，独具匠心的现代建筑鳞次栉比。位于中央公园附近的松岛国际业务园区被称为“现代建筑馆”，每座建筑设计又体现了韩国的传统特色。作为国际会场使用的松岛会展中心宛如太白山脉，银色的屋顶边角酷似山脊。松岛的地标——东北亚贸易大厦有着行云流水般的线条美，连接建筑下方的四角平面和楼顶的三角平面的曲线，让人联想起韩服的衣袖和韩屋屋檐。因为非对称设计，从任何一个角度看都不一样，大厦前的中央公园体现出“东高西低”的韩半岛的地形特点。65层的东北亚贸易大厦、60多层的The Sharp First World和POSCO建设公司大楼等摩天大厦耸入云霄，在凸显现代雕塑美的Tri-Bowl、Tomorrow City、Canal Walk一带，经常有剧组取景拍摄…… 可惜，这一切在朦胧夜色的包围中都已影影绰绰的，藏在夜色中的仁川多了几分神秘和诡异。当车开过一座大桥时，经韩国朋友提醒，我才看到了仁川大桥这座韩国最长、世界第五长的斜拉桥的面目，它蜿蜒伸展，全长18.38公里，把仁川和韩半岛连接起来。

仁川松岛旅游区的巨型建筑Tri-BowL，状如三口大锅

在路上才知道，这次去仁川是参加水原大学中文系的一次新生活动，韩国大学的新学期始于3月，每逢新生入学，都有一次集体外出活动，或聚山林，或赴海边，找一吃住、娱乐功能兼备的场所，大家联欢，借此彼

此熟悉，增进沟通和理解。

此次中文系学生会组织的活动是在仁川的大阜岛，所选场所紧邻海边，凭窗只见海阔天空，可闻涛声拍岸，很有节奏，一阵一阵的……下午，还在首尔江南“艺术殿堂”的国立国乐院参加“纪念新 HSK实施一周年韩中文化论坛”，听着清一色的学术报告，现在却融入一群对未来充满憧憬的孩子中间，一天之中，角色转换如此之快。我们到时已是晚上 8 时许，学生们的节目已近尾声，当然也掀起了一个高潮，未进屋内已闻喧哗阵阵，原来此时进行的是此次联欢的重头戏——“男扮女装时装秀”。只见十余位男生化装成各种女生的模样，在主要由女生组成的观众面前展示，“男模”们各有粉丝和拉拉队，每当他们出场，总会引来全场的欢呼和尖叫，震耳欲聋，近百平米的演场已经容纳不下他们的欢乐。学生们所穿的深绿色中文“系服”上面都印有“沸腾青春，热血中文”的字样，后背下方还印有一行小字，其云“知之者不如好之者，好之者不如乐之者”，充分彰显中文系的特色。由于节目比较“刺激”，场内所有人的脸上都挂着笑意，沉浸在轻松、愉快的氛围之中。看着他们忙碌、活跃的身影，以及系服上的汉字，我不禁从“沸腾青春”想到“释放青春”。此时，节目的形式不是很重要，重要的是愉快、轻松和活跃，是彼此的了解，是那种亲如兄弟姐妹般的感觉。以前就听过这样的说法，韩国学生上大学除了学习知识，还要结识朋友，寻找快乐，促进友谊。

学生们毕竟年轻，精力旺盛不知劳累，据说要“欢乐通宵”，我们几位中韩老师下了几盘韩式象棋之后，先去休息。不料，就在即将入睡时，我又领略了海景房那“水与火”的魅力。先说水，所住房屋临近海滩，所谓“近”，真是近在咫尺。闻得涛声后，凭窗四望，虽然夜色茫茫，但也看得见海水就在房屋下面几米远的地方，准确地说，大约 5 米。在风的作用下水一波一波地涌来，又一波一波地退去，“哗哗”的声音很有节奏，我也就准备伴着它们进入梦乡。虽近 3 月下旬，但韩国北方仍很寒冷，室外最低气温在零度左右。这滔滔水声更是使人寒意顿生，于是就自然要想到“火”——暖气。韩式屋内，一律无床，要席地而宿，而韩式取暖都采用地暖，在这春寒料峭之时，屋内的地暖却是烧得超级热，热到每平方米都无下榻之处，我试着找相对凉一些的地方，却找不到，就只好铺下褥子，枕着涛声准备入睡。以前只是耳闻韩式的地暖加地铺，这次“亲自”体验，与想象中的还是有些差距，主要问题是太热，因为人的身体基本上紧贴着地面，热气蒸腾，犹如置于蒸笼上一般。下面太热，要少盖被子，上面又太冷，窗外来风带着湿气，飕飕可感，就从脑袋皮上丝丝掠过，与身下的热气蒸腾形成鲜明对照。此前，“冰火两重天”只是一个成语，今晚，在仁川，在大阜岛的一夜竟成了真实的体验，真不知这一夜如何度过，是否还能睡着，会不会感冒？也许是一天奔波后实在太累了，也就慢慢睡了——在涛声的簇拥下，在地热的拥抱中……睁眼醒来，天已大亮，一夜虽饱受冷暖煎熬，但暖地贴身，除了有点腰疼之外，浑身还是很舒服。于是赶紧到窗前去看仁川的海，不由一惊！昨晚拍岸有声的海水全无踪影，窗外所能见到的只是一眼望不到边的滩涂，其广其远已在视觉之外，应该有几千米吧！

久闻“仁川潮汐”的大名，当然和朝鲜战争中麦克阿瑟的仁川登陆有关，1950 年 8 月初，面对金日成军队已经基本控制朝鲜半岛的不利局面，麦克阿瑟命令美军远东司令部开始策划在朝鲜人民军的大后方仁川进行登陆作战，此建议受到多数将领的质疑，原因之一就是仁川的潮汐十分复杂，不便登陆，海军方面的意见是：如果把一切可能的地理上的和海军方面的不利条件都列出来的话，那么仁川是样样具备的。但一向好赌的麦克阿瑟毫不示弱，认为：海军提出的关于潮汐、水文、地形以及自然方面的不利条件的反对意见确实是实质性的、中肯的，但这些不是不能克服的，我对海军是完全信任的。而且实际上，我对海军的信任似乎更甚于海军信任他自己……他还说：“我意识到仁川是 5000 比 1 的一场赌博，但我喜欢这样下赌。仁川之战必将取得胜利。它将挽救十万生命。”看着眼前几千米如泥沼般的滩涂，想着昨晚还在屋外窗下徘徊激荡的海水，深感仁川潮汐的变化无常和来去莫测。自然条件能使周密的计划功亏一篑，也能够成就一代名将，这就是仁川大阜岛一夜的体验之一。后来看了一些资料，我才知道仁川潮汐落差很大，甚至可以用来发电。2007 年 5 月 3 日，仁川市政府与韩国一个大财团签署了共同开发仁川江华潮汐发电站的谅解备忘录，其主要内容为，从 2007 年到 2014 年，共投资 1.777 1 万亿韩元，建设总长为 7795.2 米的潮汐堤坝，连接江华岛、乔桐岛、席毛岛和西检岛 4 个岛屿，并设置 32 台发电水车，从 2015 年开始正式发电。潮汐发电的原理是，在涨潮和退潮的海水落差较大的地方建立堤坝，涨潮时蓄水，退潮时将蓄水放出，借助水流驱动水轮生产电力（据《朝鲜日报》中文网）。仁川市称，江华潮汐发电站的发电量将达到 812 兆瓦，远远超过世界最大的法国朗斯潮汐发电站（240 兆瓦）和正在建设的始华湖潮汐发电站（254 兆瓦），居世界潮汐发电站之首。由此可见“仁川潮汐”确实名不虚传。

思索间，好客的中文系主任罗敏球先生招呼我们去吃早饭。进得一座韩式饭馆，又是席地而坐，凭窗远望，眼前就是那一马平川式的千米滩涂，早上赶海的人穿着靴子，拿着特制的工具，已经出发了，他们说着，笑着，其身虽远，其声可闻。早饭是海鲜面条，清淡可口，饭馆主人说，碗里的鲜海牡蛎等，就是今早在这片滩涂上捡到的，现在到了你们的肚子里。我们闻之，不由惊讶其近水楼台……夫人长期在海滨城市生活，有过赶海的经历。饭后我们也学着在海边徘徊，捡了起来，30 分钟之内，居然还真捡了不少，敲开几个，里面的鲜肉就显露出来。我们将这些“战利品”带回家里做了一顿海鲜面汤，虽不如早上的那样鲜美，却也不无几分仁川海边的味道。夫人“赶海”时，我则对海滩边的石头发生了兴趣，这里的滩涂遍布大大小小的石头，虽

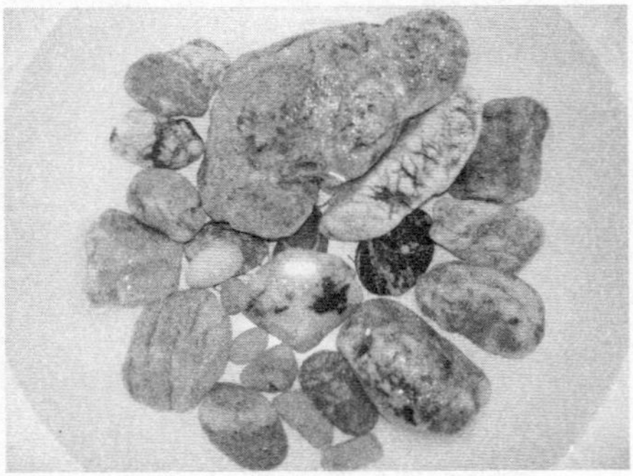

仁川滩涂上捡到的各色石头，不仅有观赏价值，还有更重要的纪念价值

以仁川滩涂上的新鲜海蛎子为原料做成的面条汤，十分鲜美

难以称为上品，却又有些味道。首先是颜色，有些石头有红、橙、黄、褐、黑的斑纹，也有纯粹白色、黄色的，刚刚从水中露出，带着湿湿的海水气息，不无欣赏价值。于是捡了一些，包入塑料袋内，回到住所放入一白盆内，居然成了这异国他乡烦闷孤独时的一种排遣，还诩之为“仁川得石”。

2011 年 3 月 18 日，星期五，从首尔“艺术殿堂”出发，从“纪念新 HSK 实施一周年韩中文化论坛”转换到“沸腾青春，热血中文”，然后是仁川海景房，变幻莫测的仁川潮汐，仁川得石也怡人……这一连串的场景变换使得在韩的日子显得很充实。是为记。

# 樱期难测，枫叶易残……

韩国素有“花海之国”的美誉，每到春季，紫色的金达莱、黄色的迎春、红色的杜鹃、浅粉色的海棠，先后竞相怒放，争奇斗艳，徜徉其中，如在花海中游。这种描述的对象和场景，不是盛大的花会和花展，也不是京畿繁华之地，就是笔者在韩的居所新明公寓的小区附近。由小区去学校有一条路需要攀山，攀爬之中，山石斑驳，野趣浓浓，各种花卉也次第出现，很有层次感。先是漫山遍野的迎春花，柔条舒展，下垂时自然形成一个个半圆、椭圆，大大小小，彼此纵横交错。然后是那紫色的金达莱花，原来以为“金达莱”应是黄色的，不料山行数步，那名中有“金”的却以一簇簇氤氲的紫色热情扑面而来。当然，最美的当属金达莱与迎春花交织在一起的情景，黄色、紫色纠结缠绵，长枝、短枝任其自然，在周围青松翠柏的衬托下，像是一个个活跃的音符，在山石荦确中跳跃，奏响初春的乐章。当然，韩半岛春天花卉之冠当属樱花，迎春、金达莱只是这春天花之乐章的序曲而已。

据悉，全世界共有200多种樱花，韩国有20余种，其最著名的有韩国大樱花树，产于济州岛，花姿优雅，树形漂亮，树冠覆盖面积较大，是最受欢迎的观赏型植物。韩国土壤，适宜种樱。来韩一年，只有一次机会看樱花，自然不愿错过。国内所任职的大学里倒是也有几棵樱树，为日本友人所赠，但树龄偏小，数量不多，难成气候。据说武汉大学的樱花也不错，但路途遥远，且赏花期间人头攒动，人比花多，很是疲惫。当然，日本的樱花也不错，构思此文时，看到一条新闻《震后日本，樱花依旧美丽……》，据说："日本的樱花，似乎是最能诠释这一生死观的花朵，虽然因为今年的气候，樱花开花的花期比往年有所推迟，但在几场春雨过后，阳光下的樱花，开放得似乎比往年更加灿烂。"日本樱花之美，妙在它与周围景观的搭配，日本樱花常开在廊桥、水溪、庙宇旁，自然人文，相互映衬，愈显其美。但毕竟是可望而不可即。此次来韩，任教于水原大学，得悉我的赏樱愿望，中文系主任罗敏球即说："哎呀，这太容易了，我们水大校内就有一条'樱花大道'，届时校外的人都来校内赏樱呀！但樱花开放的时间很短，也就 10 天左右吧，可千万别错过啊，呵呵。"水大校内树种繁多，按照指点，仔细去樱花大道辨认了一下。时值三月，春寒料峭，花已次第有绽放的意思，但树木还都沉默着，看不出一点日后怒放的迹象。仔细辨认，樱花树表面呈深褐色，上有小红斑点，均匀分布，略显粗糙，并不时有裂纹出现。枝头已初现小花苞，为浅紫色，大小如黄豆，但尚无绽放迹象。

据了解，韩半岛的赏樱期略晚于日本。日本的樱花节为每年的 3 月 15 日至 4 月 15 日，而韩国则是 4 月初才开始。釜山附近镇海市的"军港祭"樱花节最负盛名，一般在每年 4 月 1 日至 10 日举行。镇海"军港祭"自 1963 年开始举办，是韩国最有代表性的樱花节，每年春天都会吸引成千上万的游客前来观赏樱花。该节最初是为了纪念 1953 年李舜臣将军铜像在镇海市落成而举行的庆典活动，后来发展成为著名的樱花节，期间除了赏樱外，还有丰富多彩的文化、艺术和体育活动。届时韩国和世界各地的近 200 万名游客将纷至沓来，徜徉于樱花树掩映的大街小巷，任花瓣雨飘洒一身，更有军乐团大游行等丰富多彩的活动等待游人欣赏。节日开始前夜将会举行盛大的烟花晚会和李舜臣将军悼念仪式。身着古代军服的仪仗队手持旗杆、驾驭军车来到街上巡游。此外，韩国传统乐器演奏会、樱花大道农乐表演等都会给游人带来无限的乐趣。镇海市的"樱花节"在韩可称傲视群雄，最牛！原因很简单，就是实力雄厚，"资本"强大——该市仅

庆熙樱花，高高在上，若要尽赏，君须仰望

一路延伸的庆熙樱花，在图书馆附近的欧式喷水池旁达到了高潮

喷水池旁达到了高潮。我一向以为，好的风景需要陪衬，这里建筑巍峨，水池阔大，水珠、水柱随着音乐不时跳跃，排排樱树就在水池旁列队展开，是留影的首选之地，我们一行三人也在此照了不少照片，同时不由感慨：庆熙樱花，名不虚传，今日得见，聊补镇海之失也！

赏樱结束，热情的傅钢教授邀请我们品尝韩餐，樱花美食，韩景韩餐，半日之中，已尽赏其美。用餐毕，谋划回程，由于首尔汝矣岛的樱花也是久负盛名，从庆熙大学回水原大学，汝矣岛也是必经之地，于是又捎带着看了汝矣岛轮中路的樱花，那里是首尔市内最具代表性的赏樱之地。轮中路是汝矣岛国会议事堂后面的道路，路边都是树龄 30 至 40 年的大樱花树，春暖花开时节，1 400 余株樱花树纷纷绽放，五六公里长的大道就会变成樱花的海洋。每年 4 月首尔市都要举行汝矣岛轮中路樱花节。樱花节从早晨 9 点开始，一整天都会持续开展各种庆祝活动。街头有免费啤酒试饮大会、脸部涂鸦、漫画展览等，平

首尔汝矣岛的樱花属于“矮脚樱”，花叶婆娑，虬枝低垂，蜿蜒伸展，几乎匝地，十分便于观赏

时在首尔市内无法看到的马队，也会来此举行风格独特的巡游表演；此外，摇滚乐演出、魔术表演、农乐表演以及滑轮表演等也会纷纷登场。入夜，整个大道灯火通明，雪白的樱花簌簌地飘落在路上，加上绚丽的灯光，使樱花大道显得美妙绝伦，呈现出一派浪漫迷人的景象……

4 月 17 日，回到水大的第二天，赶忙去“樱花大道”探访花讯，没想到比首尔等地赏樱之处还偏南一点的华城市水原大学，樱花居然还没有绽放，仅仅是在枝头上羞涩地半开半闭，探头探脑。直到 4 月 20 日左右，水大樱花终于绽放，樱花大道边，草地小湖旁，微风掠过，花落如雨，簌簌扑面，于此不由感叹“落花也美”，落英缤纷中，忽忆起冯正中的《鹊踏枝》词：“梅落繁枝千万片，犹自多情，学雪随风转。昨夜笙歌容易散，酒醒添得愁无限……”花似雪，雪如花，落花之美，在于飘动流转中暗暗昭示着生命的凋零和无常。樱期短暂，大约 10 天，这不，盼了几乎两个月，每天张望其下的樱花才刚刚绽放，不知不觉中那期盼已久的美景竟然要以纷纷如雪的花瓣唱起离别之曲了。

在水原大学赏樱期间，感触最深的不是开在枝头的花，而是落花——落在磨盘里、道路旁、小湖里。

落在湖里的樱花，尤惹人怜爱，有风吹过，纹行水上，涟漪阵阵，曲折蜿蜒，花瓣也随之排成了迂曲的队形，随波荡漾，真是落花无语自成行，仿佛在进行最后的告别演出，凄美中不无一丝悲壮。

韩地风景，最美在春秋，春花秋叶，为其代表。春花者，樱花是也；

樱花单赏，未臻其美，须杂以其他花木，相互映衬，才逾显其妙，所谓“杂花生树”也，但绝无“群莺乱飞”之象矣

秋叶者，枫叶是也。在韩赏樱，已如上述，该说说枫叶了。所谓“樱期难测，枫叶易残”，都是言其生命短暂，不仅樱花如此，枫叶也是一样。与来韩多年的老师交谈中，我方知韩国赏枫最美之地，是位于全罗南道的内藏山国家公园，其名取自此山藏于山内之意。这里一年四季都有美景，春天樱花绚烂，夏天山林浓绿葱茏，冬天悬崖峭壁雪景宜人，当然最负盛名的还是秋天的枫叶。内藏山上有超过六百年树龄的榧木与自然生成的交让木群落，其叶娇小，属于“小枫”之属。从内藏山售票处至寺院之间，在长两百公尺、宽六公尺的道路两旁，每隔五公尺就有一株枫树，它们在秋季形成了一条天然灿烂的“红叶隧道”。每逢秋季，寒风萧瑟，层林尽染，风景极美，故亦称为“湖南的金刚山”，也有“韩国枫叶第一山”的美誉。但何时前往最佳，其说不一。

11 月初，向资深在韩人士 W 老师咨询，说是现在有点早，他们前几年就是 11 月初去的，但一路开车奔波到了目的地，却没有看到红叶，只好遗憾而回。另一位资深的 L 老师也有同样的遭遇和体验，他是在某年的 11 月初打电话给身在内藏山附近的韩国熟人，询问枫叶红了没有，回答是，全红了，快来吧！于是 L 老师赶紧驱车从首尔直奔全罗南道的内藏山，到了之后却发现来得太早了，原来那熟人并未深入内藏山之内，而只是根据周围小区的“叶情”来推断，结果情报不准，导致又一次审美活动失败。既然 11 月初还早，那何时合适呢？结合前人经验，再上网一查，有人说内藏山赏枫时间是“每年 11 月 15 日至 12 月 15 日”。于是我与水大韩语系学生小黄、小李于 2010 年 11 月 21 日前往内藏山赏枫。但辗转奔波三个半小时到了内藏山之后，却不由失声感叹：哎，来晚了！只见所谓的“红叶隧道”已呈凋零之状，由此推知山内枫情也基本类似，哎，既来之，则安之吧，于是又尽赏了内藏山的残枫之美，看着脚下堆积已厚的枫叶，想象着其尽染橙红的美妙，真有无穷的遗憾。

不过好在此前的一周去了位于庆山的岭南大学和佛国寺，尽赏韩国枫叶之美，但人心苦不足，还想一睹韩国“枫叶第一山”的风采，于是才有了这次审美失败之旅。其实，岭南大学和佛国寺的枫叶很美，已经补充了在中国赏枫不足的遗憾，就此止步，才是最好的选择。于此不由感叹，真是“樱期难测，枫叶易残”呀，这两种韩地风景的代表都是时间性极强的，即使是身在韩国数年的资深人士都难免扑空，何况信息不明、经验不足的我辈，看来，去内藏山最好的时间是10月底到11月上旬的这20多天里，不要晚于11月10日……当然，此生能否在这一合适的时候再访内藏山，一睹韩国“枫叶第一山”的风采，则要看机遇了。

内藏山残红遍地，满地枫叶堆积，叶厚寸许，不由想其盛时之美

庆州佛国寺枫叶，小桥流水衬红黄，庙宇隐约掩映中，此地枫叶，已臻绝境

# 游在韩国："摸石过河"济州行

一

2011 年 4 月，草长莺飞，绿肥红瘦，不觉来韩已近一年。屈指粗算，来去匆匆，北至临津阁展望台的南北分界线，南至新罗千年古都庆州佛国寺，也算是走了不少地方。感樱期难测，叹枫叶易残，也算看了不少韩地有代表性的风景。但一被问起是否去过济州岛，表情中总会有一丝尴尬掠过，从对方的反应中也能感到一丝遗憾。道理很简单：要论韩国旅游景点，济州岛具有首屈一指不可撼动的地位。来韩国没去过济州岛，就好像去了北京而没爬长城，去了纽约而没有观赏自由女神像一样，总是一种遗憾吧。于是，"不到济州非好汉"，去济州就提上了议事议程。

兵马未动，信息先行。大致了解了一下，济州岛是韩国最著名的旅游胜地，也是韩国最负盛名的影视拍摄地。她位于韩国南部海域，整个岛呈椭圆形，岛上空气清新，海水蔚蓝，碧空如洗，且遍布奇岩怪石、大小瀑布和各色热带植物。风景秀丽之处多在环岛周边，而精华则聚集在东南一线，西北、西南也有不少景点，但要有充裕的时间来欣赏。如是两夜三天，或是三夜四天之旅，则以东南一线为首选。岛之精华景点，如汉拿山国立公园、中文观光区、城山日出峰、天地渊瀑布、柱状节理带、龙头海岸、孤立岩、正房瀑布、涉地岬地油菜花、环岛景观散步路等，全部集中在东南一线，素有“风景坑”美誉，意为一旦进入“坑”中，触目全是迷人风景。虽未能至，心向往之，精神准备已经较为充分了，下一步是行动。正好女儿来韩探亲，而夫人此时也已在韩，三人前往，天时、地利、人和齐备。

济州岛海岸由火山岩浆突遇海水冷却而成，故其色彩、形状均有怪异之美，百怪千奇，不拘一格

济州岛无污染的海水，清湛湛，蓝瓦瓦，如翡翠，似碧玉

济州岛海边的一个度假村，花木繁茂，一尘不染，简朴中自有一股大气

二

问题是怎么去？其实对于济州之行，心向往之已久，早有不少策划，也提前咨询了许多去过的人，大致有以下几个方案。

首先是“跟团去”，找一家旅行社，一切由其安排，既省事，又轻松。当然要付出代价：一是不自由，任人摆布，要去很多自己不想去的景点；二是往往有购物环节。打电话一问，还是觉得随团行不可取，因为据我们对济州岛的了解，无论是3晚4日还是2晚3日的旅游套餐，都只能覆盖济州精华景点的一半。简单来说，随团行分“成山线”和“汉拿线”两条线路，其中“成山线”内容包括：城山日出峰、涉地岬地、午餐(黑毛猪铁板烧肉或蔬菜拌饭)、城邑民俗村、神秘道路、性爱乐园(仅限成人游览)、新罗免税店。“汉拿线”包括：雪绿绿茶园和博物馆、玻璃城、思索之苑、午餐(韩式自助)、泰迪熊博物馆、汉拿山(御乘生岳，只爬一个小时，爬不到最高峰)、韩国济州特产品店。虽然各有七项，但仔细分析，不仅都有购物内容，还有许多景点没什么价值，如“性爱公园”、“泰迪熊博物馆”等，每条线的“硬景点”只有两三个。尤其是所谓2晚3日的旅游套餐，实际上只有一天的游览时间，因为第一天你到了济州岛，对方只负责接站，第二天全天游览，然后住宿，第三天返回，所谓“2晚3日”实质上只玩了一天，而且价格不菲。

其次是“半程全包式”。所谓“半程”是指，自己解决从首尔金浦机场到济州岛国际机场的机票；所谓“全包”是指，到了济州岛之后，雇用一辆小轿车全程游览，这位司机由于熟悉济州地理，可开车带游客到任何想去的景点及用餐之处。这种方式的好处是十分省心，因为司机熟悉这里的各种情况，大到景点精华，小到住宿就餐，都可安排到位，既可免去随团游的购物及任人安排，又可免去咨询颠簸之劳及人地生疏之苦。但其缺陷是价格不菲，雇用司机每天的费用需要近20万元韩币，且据说司机每日两餐的费用也需游客支付，每日雇人开销约26万元韩币。再者，游玩本是轻松独

济州岛上随处可见的石头爷爷，憨态可掬

立之事，有许多随意、偶然、即兴的细节，老有一个陌生人在旁，不仅分神，还需要照顾对方的感受，也会很不舒服。于是，“半程全包式”也不在考虑之列。

最后，还有一种办法，就是与韩国学生一起出游济州岛。经常听到这样的忠告，在韩观光，如去首尔，一人尚可，如需远行，千万不要单独前往，身边最好有懂韩语的人，否则会十分棘手，容易陷入困境。所以有人建议，最好是和会开车的韩国学生一起去济州岛，到了之后，租车前往各个景点。当然，身边也不乏这样的学生，一位会开车的大四学生姜泓彻就是济州岛人，他就住在著名景点“龙头岩”附近，对济州岛的情况堪称烂熟，是最好的游伴。但咨询了这几个“目标”学生，回答不是已经去过了，就是时间不吻合，难以成行。确实，站在对方角度想一想，恰好要在我们认为合适的时间出行，几乎没有可能。于是，这条思路也只能放弃了。

三

怎么办呢？纠结之际，猛然想到，求人不如求己，自己什么也不缺，唯独缺乏的可能就是独自“自由行”的勇气。这种思路成熟之后，就感觉自己策划自由行是一种最好的选择，具备许多优势：一是不求任何人，十分自由；二是争取在第一日的中午之前到达中文旅游区的景点之一，开始游览，到下午 6 点，基本已经完成了计划的三分之一，这比“随团游”几乎多出了大半天的时间；三是还可以兼顾所谓的“成山线”和“汉拿线”两条线路，基本覆盖济州岛精华景点，单从量上来看，旅游价值是“随团行”的一倍。当然还有，省钱——如“随团游”，每人 38 万韩元，三人则需 114 万元韩币，而策划“自由行”，三人只需 65 万～70 万元韩币，只占“随团行”的 60%。换言之，只需花“随团行”大约一半的费用，便可观赏其两倍以上的旅游资源，何乐而不为呢？明白了这些，“自由行”的信念愈发坚定，且终于成行，虽然，我们韩语不通，情况不熟，且旅游出行常有意外事件发生，但这些都不要紧，遵循邓公名言“摸着石头过河”吧。

第一天到达济州机场后，在第一个出口（Gate One）外乘坐 800 路公

每年3月至4月，娇俏可人的粉色樱花、连绵烁金的油菜花、清香淡雅的紫芒花把整个济州岛装点得妩媚动人

交车，横穿济州岛，直接抵达岛南部的中文旅游区，开始游玩。中文旅游区是济州岛的综合性观光园地，位于中文地区的海边，面积130万坪。这个观光娱乐园将自然与人工景观搭配得十分和谐，1971年被指定为国际旅游区。旅游区内有太平洋乐园、如美地植物园、高尔夫球场、观光渔村、仙临桥、天地渊瀑布、中文海滨浴场等景点。此外还有新罗饭店、乐天饭店、凯悦饭店等最高级的饭店及旅游服务设施，是韩国最大的观光服务设施区，外国的元首级贵宾也经常来此访问。中文观光地的海边景色尤为美丽，许多电影、电视剧都在这里拍摄，其中电影《生死谍恋》的拍摄地新罗饭店的庭院更是以“生死谍恋之山坡”而闻名。如美地植物园是韩国最大的热带植物园，温室面积为3 900平方米，生长着2 000多种的珍贵植物，温室外有1 700多种的花草和树木。庭院中间有38米的瞭望塔，登上塔后可将植物园全景尽收眼底，天气好的话，还可看到远处的马罗岛。

行前友人建议，中文旅游区虽好，但最好不要在此住宿，不仅因为价格较贵，还因为住这里会耽误后面的行程。较为合理的路线是，游览完如美地植物园，赶紧去旁边的“天帝渊瀑布”，然后去看“柱状节理带”。我不敢怠慢，遵嘱而行，来到了天地渊瀑布，顾名思义，“天帝之渊”即“天帝之渊池”之意。瀑布分为三段，第一瀑布（高22米，水深21米）所在的东方的岩石洞顶部有冰凉的水流下，从瀑布飞流直下的水又形成第二、第三瀑布，并最终流入大海。天地渊溪谷中有“仙临桥”（雕刻着七仙女的拱形桥）和“天帝楼”等8处楼阁。仙临桥也叫七仙女桥，是连接天地渊和中文观光园地的桥梁，长128米。天帝楼的外墙上有描绘天地渊传说内容的仙女图和神仙图，且每偶数年的5月都要在这里举行七仙女节。友人还告诫，游览完天地渊，千万不要乘车，而是要步行前往济州岛的标志性景点——柱状节理带。不乘车，是因为由天地渊到柱状节理带3公里左右的路程，是济州岛上步行游览的最佳路线之一，如果乘车，岂不可惜！果如其言，一路走来，步步有景，景随步移，不想美学上之“移步换形”之语，竟于此能体验。环路两旁有峭壁深谷，其间花木繁茂，溪水环绕，白鹤集翔，好鸟时鸣，不仅自然风景绝佳，而且是人工修葺最花费力气之处，不露雕琢痕迹的各式木桥、栈道、韩式木阁，点缀其间，人工、自然，相得益彰，人行其间，如在画中……此时，更加感到放弃“随团游”的正确性，因为正规的旅行社是绝对不会在此“浪费工夫”的，再想想其规定路线中的“泰迪熊博物馆”等景点，更是无法和眼前这浑然天成的自然景观相比——每念及此，不由心生感慨。

一路走来，不觉已经出了中文旅游区，到了位于国际会展中心东侧的柱状节理带。所谓柱状节理指的是出现于玄武岩质熔岩里的垂直节理，大部分为四角、六角形。它是岩浆从汉拿山的火山口喷出，流入西归浦沿岸，遇海水急速冷却，在收缩作用下形成的结果。此地的柱状节理高达 30～40 米，宽 1 000 米左右，凌乱中不乏整齐，仿佛石匠统一雕琢而成，其规模在韩国是最大的。每遇大风激浪，风起浪涌，海水拍打在柱状节理石壁上，白色泡沫飞溅，最高可达 10 米以上，阳光照射恰遇水雾蒸腾之际，即有七色彩虹不时闪现，惊涛拍岸中夹杂彩虹，景象十分壮观。

此时，已近下午 4 时，按照预定行程，下一个景点是《大长今》拍摄地孤立岩，去孤立岩还有一个目的，即找住处。夕阳西下，天已傍晚，我们三人的住处还没有落实，不免有点着急。柱状节理带景区，还在中文旅游区内，而坐出租车到了孤立岩，则进入西归浦市境内了。这个景点虽只有一个高约 20 米的孤立的岩石，却因拍摄《大长今》而闻名遐迩。据导游介绍，古时候一位老太太在此处等待出海捕鱼的丈夫，最终变成了岩石，因此其也被称为“婆婆岩石”。岩石顶部生长的树与草，犹如人的头发一样，左边依稀可见老太太的额头、眼睛及鼻梁，张大的嘴巴像是老太太在大声呼唤。孤立岩下面还有一块像是漂浮在海水中的岩石，据说这是老太太变成岩石后，丈夫的尸体浮出水面也变为岩石。还有一说：相传韩国有一位大将军十分勇猛，打过多次大胜仗，从此名震江湖。有一次外敌带着几十万人马进入韩国，想一举消灭这个国家，并最后将韩国人围在了济州岛。在此守卫的是这位大将军，他身高三丈，力大无比，有万夫不当之勇。外来人害怕了，就退到了海里的一个小岛上。大将军一直在海边守卫着，站在岸边，不吃不喝，一动不动，一站就是三个月，那些外敌在岛上早已是食尽粮绝，自相残杀，都死在了岛上。大将军也化成了一块岩石，永远屹立在那里。此时夕阳西下，橙红色的阳光，碧蓝碧蓝的海水，苍翠欲滴的松树，衬托着高大的孤立岩，景色十分壮观。

巨大的孤立岩犹如一位大将军在眺望着远处的海岛，顶上绿色的植物就是他的头发

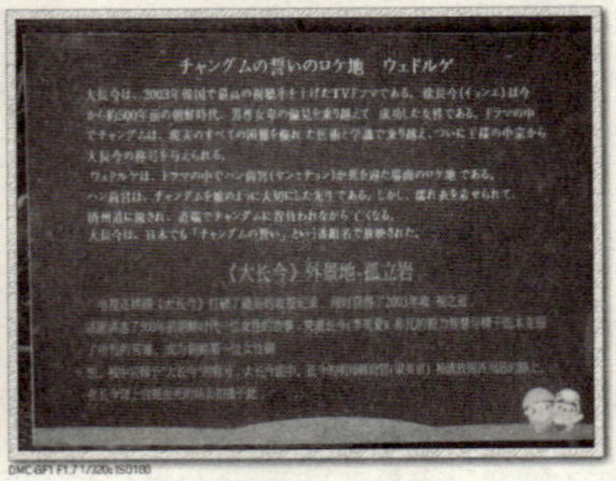


《大长今》剧中，长今的明师韩尚宫被流放到济州岛的路上在长今背上含冤而死，这一场景拍摄于此

四

然而和事前被告知的不同，孤立岩附近并无可宿之处，怎么办？打开地图一看，原来孤立岩离西归浦市已经很近了，看来只有到市里去找住处了。问题是怎么找？住哪里？我们明天还要赶路去城山日出峰、山君不离、涉地岬地等处，因此住处附近最好有车站，方便出行。搜索中恰好看到了地图上有“长途汽车站”字样，于是就决定了住在那里。我们把这几个字

写在纸上，并对司机说要去“Bus Terminal”，于是就很顺利地来到了西归浦市的长途汽车站附近。此时已经一天没有正式吃饭了，三人决定还是先解决肚子问题，住宿之事再往后推一推。

进了一家饭店，点了三份参鸡汤，味道纯正，香味扑鼻，女儿是第一次吃，直说好吃。由于已在饭店里消费，顺便问问哪里有住宿的地方也就没什么不好意思了，没想到，用简单的英语就解决了问题，女店主很热情，居然还打电话叫来了一辆出租车，直接把我们拉到了一家饭店。但没想到此店已客满，我们又没有预定，“住处困境”又一次凸显眼前。怎么办？只好继续“摸石”前行，没想到刚走出几步，女儿忽然大喊“Motel！Motel”，原来我们已经身在旅馆密集区内，不远就有不少“Motel”的标志。最终我们选择了一家叫做“大明庄”的旅店，一听报价吓了一跳，不是太贵，而是太便宜了——25 000 韩元一晚，约合人民币 150 元。本来还想三人共挤一室，现在看这么便宜，就定了两个房间，加在一起才 50 000 元韩币。要知道，在首尔住宿一晚最少也要 50 000 元韩币呀，这里虽然偏远了些，但毕竟也是旅游胜地呀……虽然房价不高，但室内设施却是一应俱全，还有免费的饮料及电风扇等，屋内四壁贴以淡粉红色的墙纸，窗外有模拟鸟鸣，感觉十分温馨。其实住在这里还有两个好处：一是旅店外就有卖济州名产“汉拿峰”的，二是这个小店距离西归浦市的著名景点“正房瀑布”和“徐福公园”都很近。于是晚上游览了西归浦市夜景，还买了几个“汉拿峰”回小旅店品尝了，当晚还制订了第二天的旅游计划。想想这天一早从水原家中出发，辗转地铁，10:00 从金浦机场登机，11:00 左右到达济州岛，大半天下来，已经游览了如美地植物园、天地渊瀑布、柱状节理带、孤立岩等名胜，深感还是自由行好。虽然很辛苦，但“摸石过河”自有一番乐趣，最大的乐趣是你不知道下一步会发生什么，但不要着急，总会有办法的——你看，我们不是已经找了很舒服的住处了吗？当日总结会上，鉴于女儿首先发现了“Motel”大明庄，及时解决了“住宿困境”，于是决定将其升任为此次济州行的“副总指挥”。济州岛，西归浦市，大明庄内，有汉拿峰为证，女儿欣然接受了任命。

## 五

第二天，如约游览正房瀑布和徐福公园。正房瀑布的规模不是很大，却是亚洲唯一直接入海的瀑布，在徐福公园附近，我们倒是看到了一些油菜花。时近中午，返回住所退了房间，吃了闻名遐迩的济州岛黑猪肉，我们便到附近的汽车站乘坐环岛巴士，准备前往涉地岬地和城山日出峰——这是计划中的最后景点了。没想到这一天充满了艰辛，遇到了不少困难，又一一顺利化解。坐上公交车才感到，其实济州岛的交通十分方便，环岛巴士几乎可以抵达各个景点，根本没有必要全天包车，全天包车主要是对那些担心自己人地两生疏、自信心不足者而言。且环岛巴士十分便宜，从西归浦到城山日出峰 40 余里，车票才每人 3 000 元韩币，要坐出租价格几乎是其 10 倍，而全包租车几乎就是按照出租车标准计费的。这时更感觉到放弃“半程全包”是正确的。欲去涉地岬地，要在古城里站下车，然后再返回这一站直接去济州国际机场，其间有约 40 公里的路程。在古城里下车后，还不能直接到涉地岬地，而是要坐出租车前往。由于担心回来时司机找不到这一站，我还特意照了一张照片，以便司机辨认。

济州岛环线古城里上行站（即开往济州机场方向），由此再乘出租车前往涉地岬地景点。这一站的上行站和下行站不在一处，难怪司机没把我们拉回这里

从古城里坐出租车去涉地岬地没有问题，但没想到的是，游览完涉地岬地之后却没有任何车辆可以返回古城里站。观察了一会儿，原来像我们这样直接坐出租车前来的很少，绝大多数出租车都属于“全包”系列，即司机全程陪同游客，下车后往往是司机和游客一起步行前去游玩。也就是在此时，我们才见识了“全包”是什么。我们拦了几辆车，司机都直摆手，不是拒载，而是他们属于“全包”司机，要“全程”陪同游客，当然不能再拉我们返回了。这可怎么办？若步行从这里返回古城里站（那里有去机场的巴士），最少也要 40 分钟，我们此时身体十分疲惫，没有力气了。难题又一次摆在眼前——这是“自由行”必然要经常遇到的问题。没办法，只好一辆一辆地拦截出租车，却又一次一次地被拒绝，最后遇到一辆出租车似有拉载之意，仔细一看，也属于“全包”，但这位司机了解我们的情况后想了一个办法，他打电话叫他的同伴来这里接人，并告诉我们“Wait here about six minutes”，没想到这一难题就这样解决了。约 6 分钟，果然有车前来，问我们去哪里，我拿出相机，出示照片，说是“古城里”，司机明白，很快把我们拉到了古城里。时间紧迫，我们放弃了游览城山日出峰，想立刻赶往济州国际机场，就原地不动地在古城里等环岛巴士，可一辆又一辆的车来了，都说不去济州机场，明明是来时的上行车站，明明是同一

涉地岬地景点，为观赏油菜花最佳之处，但 4 月末已不是最好的季节，花事已近凋零

地点，这又是怎么回事呢？无论怎么看，站牌上写着的都是“古城里”呀！答案只有一个，即我们现在所在的车站是“古城里”不假，但这里不是上行站而是下行站，即开往西归浦方向，如从这里上车的话，就又返回西归浦市了，所以司机师傅都摇头说不去济州机场。哎，这又怎么办？正在焦急时，身边一个对我们观察良久的中年男子明白了我们的问题，示意我们跟他走，去找去机场的上行车站，于是三拐两绕的，终于找到了那个我们要找的“古城里”，就是我拍照的那个车站。仔细看看，两个站确实很像，难辨真假，难怪我一示意，出租车司机就把我们拉到了这里呢。当我们回过神来，想说一声谢谢时，帮助我们的人已经消失在了附近的一条小巷中。哎，多好的人呀，谢谢你！

总结此次济州之行，可用“摸着石头过河”来概括，虽做了一些准备，但毕竟不懂韩语，当地英语水平总体又不高，且旅游途中，情况万变，什么问题都可能发生，寻找景点、旅馆、车站等三件大事，都是一点点摸索，一点点落实，出了问题，又一一化解。没想到，一路摸索着前进，竟成了此行的一大意外收获——不仅因为老有悬念出现，还因为出现问题、解决问题本身就是一种乐趣。

行文至此，还想给读者一个建议，济州岛为韩国免签的旅游地，买好了往返票即可，其他如住宿、交通、就餐的选择、景点的取舍，完全可以自己策划，或一家三口，或三五好友，结伴而行。大致的具体对策为：到了济州国际机场，出第一出口（Gate One)，门口即有抵达中文观光旅游区的800路车，车票每人3 000元韩币，留心听中文报站，在如美地植物园下车。注意：如此时不下，就会把你拉到豪华宾馆区内转圈，那就麻烦了。在如美地植物园下车后，开始游览周围景点，视兴趣和景点决定下一步。一般是由此步行到柱状节理带公园，一路风景绝佳，不可错过。游览完柱状节理带，打车去孤立岩，游毕孤立岩，打车去西归浦市住宿。第二天游览西归浦市的诸多景点，如正房瀑布、徐福公园等。其实，还可以在西归浦市再住宿一晚，白天可以品尝闻名遐迩的黑猪肉、煎带鱼、海鲜汤等济州名吃。第三天，可在西归浦市的长途汽车站坐环岛巴士前往涉地岬地和城山日出峰，然后在那里再乘坐环岛巴士返回机场，准备登机。这样，花钱不多，十分自由、灵活，基本能够覆盖济州岛的精华景点，即旅行社的“城山线”和“汉拿线”两条线路的大部分“硬景点”。当然，这需要有“摸石过河”的思想准备，但是记住，不论出现什么情况，最后都会顺利解决的！

# 韩国：有意思，没意思

韩国：有意思，没意思?

这是赴韩前常问自己的一个问题。

较远的国家倒是去过几个，韩国离得这么近，之所以一直没去，这“意思”恐怕是较为关键的一个原因。去过那里的老师听说我要一个人前往，不无担心地说，这样会没什么意思的。因为一个人在那里，语言既不通，地理又不熟，交际范围狭窄，文化差异很大，宿舍没有电视可以调剂，办公室的电脑上网又极慢。吃的吧，韩国菜品种单调，制作简单。每天在公寓—教室—超市三点一线中重复……韩剧、韩潮、韩星、韩国时尚，当然“有意思”，但那都是媒体盛宴中的“镜花水月”，距离普通人的日常生活则很远。这样看来，“意思”确实不大。所以，“韩国有意思还是没意思”就成为经常萦绕我脑际的一个问题，尤其是在做最后决定的几天里，我老是这样问自己。

但凡出国，都要遭遇“文化震荡”（culture shock）。好好儿的人，突然遭遇“震荡”，当然就没意思了。所谓“文化震荡”是一种空间现象，是指长期处于一种文化中的人突然被置于一个陌生环境所产生的种种不适。身在其中，突然失去了一系列熟悉的标志、信息和符号，突然失去了原先的文化支撑，会感到受挫折般的忧虑与不安。一般而言，遭遇“文化震荡”

会经历四个阶段：一是兴奋，刚到一个国家的好奇与陌生会使当事人十分兴奋，对一切感到十分新奇；二是沮丧，由于文化的差异所导致的种种不适接踵而来，会使人陷入巨大的心理焦虑和精神孤独之中，情绪低落；三是适应，随着交际范围的扩大，信息的增多，活动范围也随之扩大，逐步建立起了自己的“生活圈”，基本上适应了环境；四是融入，逐步掌握了语言，融入了周围的环境，陌生、新奇、孤独、不适等感觉逐步消失，变成其中“合法的一员”，此时，“震荡”的压力不复存在，当事人成为新环境中普通、正常的一员。一般而言，这四个阶段要经历 2～6 个月。

来韩已两个多月，按照“文化震荡”四个阶段的理论，我也大致经历了这几个阶段。本来以为，韩国这么近，文化与中国又多有相似，即使有“文化震荡”，也不会太激烈。但没想到的是，我不仅遭遇了预想中的“文化震荡”，还挺强烈，主要是因为遭遇了“感官剥夺”。

平时常给学生讲的一个传播学概念就是“感官剥夺”，现在却亲自体验到了。所谓“感官剥夺”，就是切断人感知外界的通道，使之处于零信息状态。感官剥夺是一个著名的心理实验，于 1950 年在加拿大蒙特利尔的海勃(Hebb)实验室进行。志愿受试者被关在恒温、密闭、隔音的暗室内，外界的声音刺激、光刺激、触觉刺激都被切断。受试者的眼、耳、鼻、舌、身等感觉器官接收不到外界的任何刺激信号。试验七天之后，志愿者出现了病理心理现象：①出现错觉、幻觉，感知综合障碍及继发性情绪行为障碍；②对刺激过敏，紧张焦虑，情绪不稳；③思维迟钝；④消极暗示性增高；⑤体诉多，出现各种神经病症状。此外，美国心理学者的“感觉剥夺试验”，也说明一个人在被剥夺所有感觉后，会出现许多病态心理现象：视错觉、视幻觉，听错觉、听幻觉；对外界刺激过于敏感，情绪不稳定，紧张焦虑；主动注意涣散；思维迟钝；暗示性增高；神经症征象等。这说明，从某种意义上说，人是一种信息动物，每时每刻都要从外界获取信息。信息对于人的重要，如同水、空气、食物对于人一样，是正常、健康生存的必要条件。从传播学、信息学的角度看，“感官剥夺”就是“零信息”。实验表明，人在“零信息”状态下难以生存。当然，“感官剥夺”只是一种实验，除监禁、惩罚外，生活常态中并不存在这种视、听、触、味、嗅觉被全面绝对剥夺的“零信息”情境。

韩语虽与汉语有千丝万缕的联系，但由于发音不同，音调各异，不会的话，基本无法与人沟通。没辙时，只好大量运用身体语言，回想几次出国，这次是运用身体语言最多的一次。我是周五到的水原大学，正逢周末，学校办公室无人上班，公寓网络和电话均未接通，出门满眼韩文扑面而来，购物及与人交流全靠肢体语言，除了中文系的老师之外，与外界没有任何交流。周日整天大雨，一天没出门，也就一天没有说一句话，和外界没有任何信息沟通。记得第一次出门，竟然不知道怎么去学校，说“水原大学”肯定是不行的，于是用英语问去“Suwon University”怎么走，可是说了几遍，对方看着我就是不明白。没辙，只好返回家里。第二次，问了一个小学老师模样的人，才找到学校。刚来韩国整整两天的时间里，我没有与任何人接触、交往、沟通、交流，从语言角度来说完全处于“感官”被剥夺的“零信息”状态。

遭遇“文化震荡”，亲历“感官剥夺”，当然是很“没意思”。按照“文化震荡”理论“兴奋、沮丧、适应、融入”四个阶段的划分，我也逐步克服了沮丧、孤独和种种不适，进入了“适应”和“融入”的阶段。到今天，感觉自己已很适应这里的环境，从“没意思”到“有意思”了。这主要是得益于几个“圈子”的建成。

一是“运动圈”或曰“健身圈”，即体育锻炼的小圈子。在国内时，由于年龄和身体的限制，我只喜欢游泳和打乒乓球，但是刚到水原大学时，问了许多人哪里可以游泳，都说不知道。后来才知道，这里的学生和老师均不住在学校附近，凭借发达的公交系统，他们都是从首尔、仁川、军浦、天安、蚕室等处来学校，下课回家，路上一般耗费 1 个半到 3 个小时。因此他们对学校周围反倒不是很熟悉，再说来去匆匆，难有闲暇和闲心游泳，不知道确实在情理之中。问了一个多月，终于想出了一个办法：国际交流处掌握着许多老师的信息，如果能找到来这里教体育的外籍教师，一切自然迎刃而解。于是我就到国际交流处去询问，一问才知道，这里的体育学院确实有两个外籍教师，一个来自伊朗，一个来自希腊，都会英语。不由大喜，于是辗转找到了二位。他们一个叫 Ehsani，一个叫 Vassilis，我戏称为“爱煞你”和“瓦斯利斯”。一问，果然伊朗教练“爱煞你”每周五下午游泳，地点是距离学校 5 站地的“You and I Center”，每次门票 3 000 韩元，车费 200 韩元。于是，每周我就和“爱煞你”前去游泳，同时跟着他也找到了打乒乓球的地方。“爱煞你”工作的体育学院的办公室对面就是一个巨大的室内运动场，里面篮球、羽毛球、乒乓球的运动设施应有尽有，球、拍子、网，都是现成的，只要不是上体育课的时间，都可前去打球。原先困扰我多日的锻炼问题，就这样轻松地解决了，不仅锻炼了身体，还增大了人际交往的范围。另外，来自希腊雅典亚里士多德大学的“瓦斯利斯”教授酷爱网球，这样，我就又多了一种运动项目。

水原大学门前，和希腊亚里士多德大学“瓦斯利斯”先生合影

二是“外语圈”，准确地说是英语圈。本来以为到韩国后语言不通，交际范围狭窄，生活会很枯燥，但没想到的是，出于健身原因结识了Ehsani 和 Vassilis 教授之后，无意中生活中又多了一个小圈子——英语圈。笔者酷爱英语，虽然启蒙较晚，发音也不标准，但还是喜欢与人交流，尤其喜欢就一个问题长谈，因为这样对提高语言能力很有帮助。这一点，在《伊朗教授“爱煞你”》中叙述得已经很充分了，我们每周都有几次长谈，一般开始时喝着热热的咖啡，聊着身边琐事，然后慢慢就会进入预先设想的话题

伊朗教授 Ehsani 上足球课时，笔者参与其中，在其指导下颠球、顶球，其乐融融

之中，例如“人生价值观”、“国家的历史和现状”、“对中国和伊朗的看法”……每次谈话都是一次很好的英语会话训练。Ehsani 的英语虽然不是很标准，但美国 8 年、英国 11 年的生活经历足以使其英语达到熟练程度，是个很好的 English Partner，尤其是在韩国，我很庆幸有这样的语言伙伴。除了与 Ehsani 交流之外，如《在韩国说英语》一文中所述，还有很多说英语的机会。在韩国，我的英语不仅没有退步，还在频繁的应用中小有进步，这是赴韩之前没有想到的。

三是“写作圈”或“文化圈”。文友，以文会友是也。本人别无所长，唯爱写作，没想到在遭遇“文化震荡”的时候，写作也可以结交朋友，扩大活动范围。一日无事，收拾房间，看到前任老师留下的几本《韩国生活》杂志。打开一看才知道，这是一本创刊只有一年多的杂志，地址在首尔，于是按照上面的电子邮箱地址投了一篇文章，并说了对办好杂志的看法。很快，我就接到编辑部长徐娅的回函，并且她表示要来水原大学来与我面谈。一日，我俩如愿在水原大学见面。知道我是传播学的教授后，小徐表示要给我开一个专栏。《韩国生活》是半月刊，我在这里要任教一年，那就意味要写 24 篇。那时我来韩国尚未“满月”，还不敢贸然答应，只能说试一试吧。对于能否写出 20 余篇来，心里很是没底。到 2010 年 11 月 9 日，再看这一允诺，已经毫无问题了，不但敢说可以完成 24 篇，还敢说只会多，不会少。为什么呢？因为自从有了《韩国生活》专栏这一“压力”后，我处处留心，事事观察，偶有所感，就记录在小本子上，日积月累，分门别类，已经整理出来将近40余个题目，可写的有将近30个，而完成的已有12个了。现在可以说：以这样的速度，一年内完成24篇还是绰绰有余的。与此同时，小徐很希望我到《韩国生活》做几次讲座，给她们的编辑、记者讲一讲有关新闻传播的一些知识。正好我在国内就是教新闻传播的，很多讲义都是现成的，于是慨然应允。某日，来到了位于首尔西大门区的《韩国生活》杂志社，下午2:30正式开讲，拟定题目为“新闻人是生活的卧底者”。这些编辑、记者基本都是在首尔读书的本科生和研究生，平时听课全是韩文，由于语言的隔阂，总有不透彻的感觉，今天听到纯正的汉语授课，都说觉得受益匪浅……当然，我知道这是对我的鼓励，但还是觉得很开心。和《韩国生活》的接触使我的生活忙碌了起来，自然也就丰富了起来。首先是它给我设定了一个明确的目标：一年内要写出20余篇文章，业余生活用于写作，再也不觉得枯燥；二是认识了《韩国生活》的编辑和记者们，熟悉的语言、久违的热闹、真诚的笑容使我没有异乡的感觉。

笔者刊载在《韩国生活》杂志最初的几篇文章

四是“出游圈”。本人天性爱玩，很认同一位作家所说的：“久久的蜗居，易使我们的视野狭小，胸怀仄斜，肌力减弱，肺廓扁平……这个时候，收拾好行囊，告辞亲人，踏上旅途吧。珍惜旅途吧。火车上那些不眠的夜晚，凭窗而立，看铁轨旁一盏盏路灯，闪着紫蓝色的光芒，瞬忽而逝，许多记忆幽灵般的复活了。”（毕淑敏：《带上灵魂去旅游》）我一直认为，要想真正了解一个国家和民族，短期的、浮光掠影式的观光是徒劳的，必须生活较长的一段时间，而在这段时间中，必须要出去漫游：“飞驰的速度，变换的风景，奇异的遭遇，萍逢的客人……这一切旅途中可能发生的事件，强烈地超出了我们已知的范畴，以一种陌生和挑战的姿态，敦促我们警醒，唤起我们好奇。在我们被琐碎磨损的生命里，张扬起绿色的旗帜。在我们被刻板疲惫的生活中，注入新鲜的活力。”（毕淑敏：《带上灵魂去旅游》）刚到韩国，谁也不认识，一人独来独往，倒也简单，无须策划，无须讨论，拔腿就走，抽身就回，效率极高。但完整的旅游不是“哑游”，必须要有“共赏”、“共享”的成分，才更充实、完整，所以有个旅伴十分重要，尤其是在遇到问题时。本人无手机，又不懂韩语，地理情况又不熟，一人“哑游”了几次，明显感觉到了其中的弊端，于是开始寻找游伴。随着时间的推移，周围小小的“出游圈”也已经基本成型，它主要由三个小组构成。第一小组是几个韩国学生，他们喜欢爬山、旅游，更希望老师喜欢他们的国家，他们熟悉地理，语言沟通无障碍，和他们出游很方便。更重要的一个硬件是其中一位学生有车，而且就住在我的公寓旁，载我出行十分方便，无须复杂的约定。两个月来，我们共出行两次，一次是去临津江和汉江交汇处的韩国临津阁南北统一展望台，第二次又和这几个学生去了北汉山观赏红叶。游况详情，另文叙述，此不赘述。第二小组是在水原大学内认识的小黄等几个中国学生，他们来自吉林大学，是在中国食品店里偶然相遇的。小黄有一定韩语基础，来了将近一年，比较熟悉当地情况，知道很多信息，我戏称她为“Information Person”。获得这一称号后，小黄工作更加努力，并不断向我提供新的信息，于是我又“加封”她为““Experienced Information Person”，她工作更加努力。第三小组是在中国联谊会上认识的中国老师，几乎遍布韩国各地，北至抱川市的大真大学，南至庆山市的岭南大学，到处都有我们的“兄弟姐妹”。想去哪里，和所在地的老师联系一下就行了。岭南大学的几位老师，本是南开的博士生，在“依依南开，聚散天涯”的感召下，约好 11 月 12 日前往观光探视。岭南大学地处庆山市，距离新罗文化的千年古都庆州约 1 小时车程，以庆山岭南大学为依托，就可以尽览庆州古城风貌。由于策划得力，一天的时间我们就游览了佛国寺、石窟庵、观星台、大陵苑、瞻星台、鸡林等。

写到这里，基本可以判断，韩国有意思还是没意思，已经是一个“假问题”了。所谓“意思”，是一个变量，充满弹性，富于伸缩，全凭自己把握。来韩几月，纵横南北，行程往还，结交文友，体验颇多，深深感受到：在“有意思”和“没意思”之间，有一道无形的“墙”，或隐形的“门”，被这堵墙、这扇门局限住了，当然是“没意思”；而一旦跨出去，就会发现天地之宽，超出想象。都说“事在人为”，这“意思”，不也是全在“人为”吗？

# 心理与文化

# 韩国：汉字、地名与文化

人在韩国行，
处处逢地名。
地名千百态，
古今总关情。
——题记

在韩国生活，少不了要与地名打交道，出门观光更是如此。俗语云“人生地不熟”，可见“人生”主要源于“地不熟”，亦可见“地”之重要。

韩半岛多为丘陵和山地，即使在较为开阔的地方，远处青山也隐隐可见

好在历史上韩国文化深受中国文化影响，许多地名都以汉字命名，发音大致相同。1988 年，日本语言学家野村雅昭提出了“汉字文化圈”的概念，指出在东亚范围内，由于受中国政治、文化的影响，形成过去使用汉字，或现在仍然使用汉字的地域，总称为“汉字文化圈”。韩国即在这一文化圈内。

据学者研究，1 世纪前后，经海陆两路输入，朝鲜半岛的人们接受了汉字，从此结束了没有文字的历史。668 年，新罗“统一”了朝鲜半岛大部分地方，便广泛吸收中国文化，积极模仿唐朝制度。王氏高丽封建王朝(918—1392)统一了朝鲜半岛，并仿照中国确立科举制度，中国典籍成为高丽学子士人必读的书籍，从而稳固了汉字的“正统”地位。朝鲜半岛的史书、典章、档案等，许多皆以汉字记载。李成桂建立了李氏朝鲜后，实行“科田法”和“尊崇儒教”等措施，传 26 代，1897 年改国号为“大韩”。第二次世界大战后，朝鲜、韩国先后废弃汉字，使用谚文。韩国允许“在一定期限内有必要时可混用汉字”（张慧荣：《汉语原创词与韩国地名文化——以首尔的地名为例》）。

与中国的汉藏语系不同，朝鲜语属于阿尔泰语系，但是古代朝鲜文化落后，一直没有发明自己的文字，所以只能沿用中国汉字。而汉字无法充分地表现韩语的发音和朝鲜民众的思想感情，普通下层朝鲜平民根本不识汉字，只有朝鲜贵族、官员会使用汉字，称为“吏读文字”。这样，不仅普通朝鲜平民只能以口头方式进行交流，他们的生活知识和长年累月的农业耕种经验以及农耕方法也都无法长久地流传下去。改变这一面貌、创立独立的朝鲜文字的是世宗大王。

世宗大王，即李祹，是朝鲜王朝的第四代国王。世宗大王（1418—1450）在位的时代，相当于明代永乐、洪熙、宣德、正统年间。世宗大王具有创新精神，除精通儒家学问外，他还极力提倡儒学价值观念以外的哲学观念，其为人也，博学多闻，政治手段高明，能够对付朝鲜的两班学者(两班指的是集“贵族”与“官吏”于一身的朝鲜学者们，他们享有极高的政治文化权利，甚至可以藐视朝鲜国王)。他对国家管理、语音学、民族文字、经济学、科学、音乐、医学和人文学研究方面都表现出浓厚的兴趣。

他深感朝鲜没有自己文字的不便，开始苦思冥想，梦想创造出一种易学易懂的本土文字，让普通庶民也可以轻松掌握它。世宗大王受到音乐和北方游牧民族拼音文字的启发，了解到简单的音乐符号就能够记录世界上所有的音乐，那么，相对简单的拼音字符也应该可以记录全部的朝鲜语音，从而拼写出了朝鲜的文字。世宗组织起当时包括他本人在内的许多朝鲜“集贤殿”的优秀学者，还特意派遣一位朝鲜知名学者，前后十几次到中国来学习、研究汉字精髓，历时达三十年之久，才最终在1446年（相当于明英宗正统十一年）发明创造了朝鲜文字，于是朝鲜在使用了近千年的中国汉字以后，终于有了自己民族的文字。（孤独远帆：《韩国为什么‘恢复’汉字？》）《训民正音》就是在此背景下应运而生的，世宗大王在公告序言中写道：

> 中国文字是基于中国历史应运而生的，因此无法清楚地表达朝鲜韩语特有的语境，无法充分表现庶民的想法和感情。考虑到我国子民的实际情况，我创立了这28个字母（注：经过字母的演化与合并，现代朝韩社会只使用24个字母，比26个英文字母还少2个，是欧美学者比较公认的简化拼音），这些文字简单易学，希望能提高每位朝鲜国民的生活质量。

由此可见世宗大王对朝鲜文化的独立、国民生活的便利所持的执著和献身精神。史载，《训民正音》公布后，朝鲜的大臣们纷纷提出反对意见，其中集贤殿副提学崔万里等人最为积极，反对的理由主要有二。一者“我朝自祖宗以来，至诚事大，一遵华制。今当同文同轨之时，创作谚文，有骇观听。倘曰谚文皆本古字，非新字也，则字形虽仿古之篆文，用音合字，尽反于古，实无所据。若流中国，或有非议之者，岂不有愧于事大慕华”。二者“自古九州岛之内，风土虽异，未有因方言而别为文字者；唯蒙古、西夏、女真、日本、西蕃之类，各有其字，是皆夷狄事耳，无足道者。传曰：用夏变夷，未闻变于夷者也。历代中国皆以我国有箕子遗风，文物礼乐比拟中华。今别作谚文，舍中国而自同于夷狄，是所谓弃苏合之香，而取螳螂之丸也，岂非文明之大累哉”。崔万里等人想要表达的意思是，当今之世，有自己固有语言的民族都是夷狄，而我国却有与中华同文同轨的文明优势，古语说：“只听说用中华文明改变落后民族的事，还没听说过与此相反的作为。”况且我国以“事大以礼”为国策，倘若随意变更文字，不仅于己不利，可能会招致中国明朝的反对，这样弊大于利的事何苦行之呢？可世宗坚持己见，将崔万里等人罢免官职，于 1446 年 10 月 9 日正式颁布施行《训民正音》，韩国将这一天定为“韩文节”。

据韩国学者 1998 年出版的《为了外国人的韩国语教育实践》一书的统计，韩语的《国语小辞典》中收录了 64 355 个单词，其中“直接来自汉语的词汇和韩国人用汉字自造的词汇”的汉字词共 29 222 个，占 45. 41%，超过了韩语“固有词”总量的 0. 97%，是“主要来自英语”的外来语（共 1 949 个）的 15 倍，是混合词（共 4 558 个）的 6. 4 倍。词汇中，以名词居多。韩语的名词受汉语的影响，近代起又受日语的影响。1979 年，日本学者松井荣一发表了对《日本国语大辞典》的词条统计的结果，名词总数达 320 824 个，占词条总数的 78. 19%。日本国立国语研究所对杂志用语的统计显示，名词在总计词数中占61. 8%，为 254 494 个，其中和语词名词占 33%，汉语词名词占 60. 6%。韩语的汉字名词数量估计大致与日语相当（张慧荣：《汉语原创词与韩国地名文化——以首尔的地名为例》）。由此可知，韩语与汉字渊源之远之深。

从心理学上讲，依赖汉字又想摆脱汉字，属于一种趋避冲突。如何对待汉字，矛盾和争议几乎贯穿了自世宗大王以来的韩国历史。恰如一位韩国学者所分析概括的：“朝鲜文中的汉字也由此受到质疑。近代以前，朝鲜半岛士大夫阶层基本使用汉字；朴正熙时代，从 1970 年起韩国小学、中学教科书中的汉字都被取消。1988 年汉城奥运会之前，韩国政府还曾下令取消所有牌匾上的汉字标记。取消汉字，使年青一代的韩国人看祖先的著述需要经过一道翻译。为了主体，疏远了祖先，产生了断根的危机。1999 年，金大中总统下令部分解除对汉字使用的限制。韩国人找到的解释是，就像使用拉丁字母的国家各有各的本土文化一样，朝鲜半岛先辈的汉字文化也属于朝鲜本土文化。这样就在主体和根脉之间找到了一种弥合的解释。

然而直到今天，汉字的使用仍处于争议之中。”（《韩国人心中有恨》，《南方周末》）

据媒体报道，2010 年 1 月，韩国教育课程评价院向教育科学技术部提交了一份研究报告，建议“将汉字教育纳入小学教育课程”。韩国教育课程评价院是制定教科书标准和指南的机构。教科部表示，将把这一内容部分反映在新教育课程中，建议各学校从明年开始在小学“创意体验活动”时间，向学生教汉字，并将根据社会要求，积极研究开展汉字教育的方案。由此，时隔 40 年的汉字教育有可能重新列入小学正规教程。1970 年韩国出台韩文专用化政策，此后汉字就从小学课本上消失。报告称，去年 6 至 7 月对 5 222 名家长和教师进行了一项问卷调查，结果 83%（家长 89.1%，教师 77.3%）的人赞成小学生学习汉字。前国务总理金钟泌等在世的 20 名历届总理曾联名向青瓦台提交了一份《小学汉字教育敦促建议书》，引发了一场争论，于是教科部委托韩国教育课程评价院进行了相关研究。（中评社：《时隔四十年韩国研重新将汉字列入小学教育》）

韩国人开始使用汉字为韩语地名注音，后来直接使用汉字为城市命名，于是很多地名均有可以对译的汉字，这不仅方便了像我这样的对韩语一窍不通的人，还可以借此窥视点滴韩国文化。

首先是在地名标注和发音上，韩语和汉语十分接近，如太白（Taebaek）、原州（Wonju）、梁山（Yangsan）、永川（Yeongcheon）、果川（Gwacheon）、丽水（Yeosu）、天安（Cheonan）、春天（Chuncheon）、忠州（Chungju）、金堤（Gimje）、金浦（Gimpo）、高阳（Goyang）、龟尾（Gumi）、军浦（Gunpo）、群山（Gunsan）、济州－市（Jeju-si）……出门问路，最没有障碍的就是地名，一般而言，中国人在韩国问地名不要犹豫，只要汉字一出口，对方基本会知道你要去哪里。据学者研究，由于中国文字的传入，许多中国地名也被移植到韩国，有些地名至今还在使用，如汉江、襄阳、汉阳、丹阳、江陵等，与中国湖北楚地名相同。这些地名设置距今已有六百多年。有些学者认为韩国文化和湖北楚文化具有渊源关系，引起了韩国学界和媒体的高度关注。韩国文化是否与湖北楚文化同源，值得进一步研究，但韩国移植中国汉字地名至今还在使用，则是不争的事实。

韩国使用汉字地名十分广泛，历史悠久，影响深远。首尔是韩国最大的城市，细读首尔地图上的汉字地名，熟悉的汉字词汇，古风犹存，千姿百态，十分符合本土的实际，与我国的历史文化名城的地名存在许多相同或相似之处：其一，以其地理方位命名。首尔辖行政区有江南区、江东区、城东区、城北区、西大门区、东大门区等。我国古人在地理上以东为左，以西为右，故江东又名江左，江右亦名江西。首尔也有江西保健所。其二，名胜古迹名。汉城市区分旧城区和新城区。旧城区依据中国古代城市建筑规范，有昌德宫、昌庆宫、景福宫、德寿宫、兴仁之门、崇礼门等胜迹，有奉恩寺、奉元寺、曹溪寺等佛教寺院。其三，纪念历史文化名人和本国的历史。世宗大王纪念馆、世宗大学、世宗路、世宗路公园、世宗文化会馆，新罗免税店、百济(地铁站)、高丽大学、高丽亭等。其四，以吉祥用语和儒学价值观的词命名。趋吉避凶是汉字文化圈各民族的共同特点。首尔山洞多，有弘恩洞、弘济洞、孝子洞、清云洞、黄鹤洞等。受中国“龙文化”的影响，有龙飞桥、龙马山(地铁站)、龙山洞等，还有忠正路、孝昌公园、淑明女子大学、贞信女子高中等。（张慧荣：《汉语原创词与韩国地名文化——以首尔的地名为例》）

在韩国，一些古老的地名保存得十分完好，几乎看不到“现代化”对它们的“拆迁”和替换。当然，在这古色斑驳之中，也不无现代化的身影，如：仁川客运站、文鹤体育场、国会议事堂、仁川国际机场、科技公园、国际业务园区。而地名也体现出韩国重视教育的特色，凡交通所经地区，有大学处一律以大学命名，使人一目了然：梨花女子大学、仁川大学、弘益大学、高丽大学、外国语大学、首尔大学、东国大学、建国大学、汉阳大学、崇实大学、淑明女子大学、成均馆大学、京仁教育大学、诚信女子大学、汉城大学、教育大学……

韩国的地理地貌特征，也在其地铁站名、地名中处处留痕，让你一一找到吻合之处——如一山、二梅、三松，如花田、开花、傍花、花坞台、排芳、芳漪、常绿树、东树，就花木的种类而言，韩国多松树，松的种类繁多，于是地名就有松内、松庭、松坡，其他花木如梧柳洞、梨水、梅峰、牡丹、细柳；就山石而言，有龟山、黔岩、桂山、葛山、中洞、间石、钵山、瓮岩、黑石、墨谷、绿沙坪。就水而言，有水色、雨装山、梨水、温水、清潭、丽水。山水之间，当有禽兽，尤其是鸟类，这样的地名有鹭梁津、鹭得、狎鸥亭、凤鸣、鹰峰、铜雀、鹊田、喜鹊山、鹿川等。山水秀丽，物产必定丰富，这也在地名中留下了痕迹，如炭砚、纸杻、曾米、橘砚、铜岩、道禾、桃源、麻谷、蚕院、蚕室、药水、木洞、道谷、杏堂、素砂、盐仓、马场、瑞草、菊秀、陶农、陶深、纸杏、豆川、大夜味、古栈、驿谷、驿村……当其一一从眼前掠过时，也就知道当地大致盛产什么了，它们体现出韩国曾是一个以农业为主的国家的特征。看着这些地名，能感觉到农业文明与自然风光交相辉映，水光山色，尽收眼底。

地名是历史的浓缩、文化的载体，是一种特殊的“非物质文化遗产”。一个个鲜活的地名，本身就是一个个文化符号，传递着一种古今血脉相连的信息。人在韩国行，处处逢地名。地名千百态，古今总关情。

# 俭素：校训与国魂

一

到韩国所在大学任教的第二天，出于好奇，我就在校园里转悠。漫步中，无意间发现了掩映在花木丛中的校训，其铭曰：俭素，正义、创意。这校训刻在一块竖起的石头上，所处的位置很不起眼，好像置于这里不是让人注意，而是让人忽略，或许这本身就是一种“俭素”吧。南开大学校

位于水原大学校内的校训石碑，上刻“俭素、正义、创意”

训为：允公允能，日新月异。相互比较，二者不无相似之处。所谓“允公允能”，是强调对社会的责任及个人的能力，所谓“日新月异”，是强调创新意识和能力。而韩国这所大学校训的所谓“正义”，恰和“允公”吻合，而“创意”，则和“新异”一致。但注意观察，唯有“俭素”这一条，南开的校训里没有，所以很值得关注。尤其是它将“俭素”置于校训首位，就更值得琢磨。因为一般而言，校训均和教育或育人相关，重在培养人的某种能力和素养，而俭素则属于一种风尚或风格，多与社会风气和审美趣味相邻，如“俭素”、“朴素”、“简朴”等，基本可以排除在校训之外。

在韩期间，足迹遍布其三分之二国土，纵横韩国南北，北至临津阁的南北展望台、抱川市，东南至庆山、庆州，南至天安、牙山、温阳温泉、井邑，及釜山、巨济岛、济州岛。在此过程中我发现，“俭素”或“素朴”不仅仅是一校之训，还具有举国奉之、遵之、行之的特点。换言之，它既是一校之训，又是一国之魂。人在韩国行，处处能感受到一种不事雕琢、尊崇原貌、崇尚简朴的氛围和风气。如一地一事如此，则属偶然，但如多

高丽白瓷铁画《竹意》（现藏韩国国立博物馆）

高丽白瓷青画《梅鸟文壶》（现藏韩国国立博物馆）

地多事如此，则是一种规律了。

二

首先看最直接的视觉——颜色。韩国素以崇尚原色而著称。而白色是“无色”的颜色，是最“素朴”的颜色，韩国人喜欢白色的衣服，因此也被称为“白衣民族”。韩国人为何钟情白色，有几种说法：一是纯然出于实用目的，白色简单，无须漂染，洗涤简便，在颜料不发达的时代，最具实用价

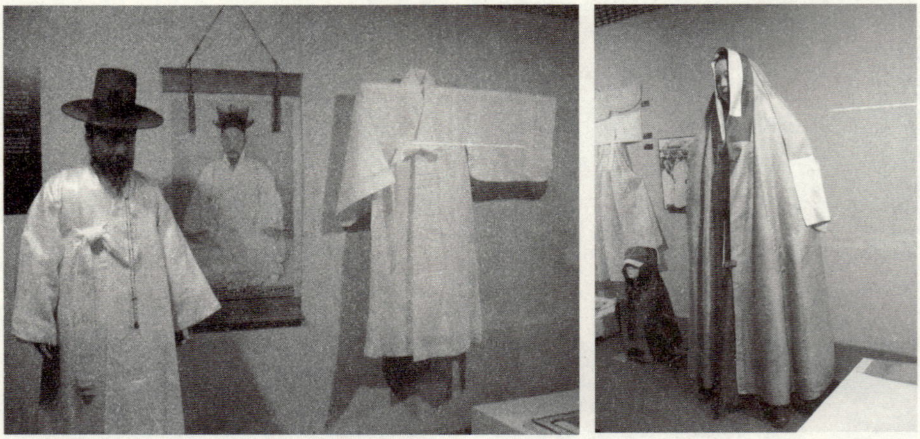

韩国传统服装喜欢以一种原色为基调（摄于温阳温泉民俗博物馆）

值。二是源于这个民族对于洁净的喜爱，李洪在《论韩国风俗画的形式美》中谈到“白色是意味着‘白、分明、壳、干净、洁白’等，象征着纯洁和洁白”，表示干净不染的洁白纯洁心理。三是白色会给人带来好姻缘，并代表了韩国人内敛、含蓄的性格。对白衣的热爱与韩国人的心性有着很深的关系。四是认为白色源于自然，“尚白衣”是要与大自然融合。五是源于丧服，丧服也称为素服，丧服是没有“我”的衣服，所以不讲究缝制技巧和装饰。六是认为白色有超越俗世、直抵神界的功能，如在一些带有宗教色彩的仪式中都穿白色衣服。最后，还有一说是认为韩国人之所以喜欢白色，是源于对太阳的信仰。韩国人用白色象征太阳，白色代表太阳的光明。

除白色外，朝鲜服饰中多有黑与白组合的情形，体现出尚素朴、尚原色、求简单的审美追求。这种质朴无华的单一色彩的组合主要体现在男性服饰，尤其是儒生或儒学者的服饰中。洁白无华、素朴本真，象征着不染世俗的人品，并与儒学崇高刚直的性情相通。黑白组合，形成强烈的色彩对比，是儒生所追求的崇高的人品在视觉上的象征。

金文学在《东亚三国志》中写道："韩国人在服装和色彩感觉上比中国和日本都要五彩缤纷鲜艳夺目得多。比如，赤、橙、黄、绿、青等，全是原色。崇尚个人主义的韩国人，是用鲜艳夺目的时装来突出自己的个性，强调自我的主张；中国人没有韩国人那么强烈的个人主义主张，但是却以红色来表达自己的个人意志，同时又在某种程度上兼顾社会集团的意志；在东亚，日本人最无个性，习惯于集团主义，所以色彩偏于杂色，款式趋于统一。"韩国深受中国文化的影响，吸收了中国的五行说，"金（白）、木（蓝）、水（黑）、火（红）、土（黄）"，对白、蓝、黑、红、黄五色的运用得心应手。比如，韩国的寺院都很鲜艳、华丽，韩国和朝鲜民族服装的用色也很鲜艳。《韩国——喜欢原色和白色的民族》一文也提到：有人说

首尔北山韩屋村

青瓦台，简单而朴素的单一原色中透着一股大气

韩国人喜欢原色，因而情感的表达也很直接，会表现出各种激烈的情绪。在如此鲜艳的颜色包围下，人的喜怒哀乐自然会表达得很激烈。由此可见，国民性格与色彩的偏好有一定关系。韩国国旗旗面为白色，中央为太极图案，国旗整体统一，具有一体性。图案象征阴（蓝）阳（红）、男女、动静等。在建筑上，最典型的是韩国总统办公及居住之所青瓦台，这一建筑群由位于中央的主楼、迎宾馆、绿地园、七宫等组成，一律用青瓦装饰，它背靠北岳山，青青的颜色与曲线型的房顶相映成趣，简单而朴素的单一原色中透着一股大气。

三

说到素朴，最典型的是韩国的食物几乎没有“烹调”的痕迹。所以出国前友人调侃“多吃点好的吧，此一去没有什么油水了”，回国后也多有“哎，没肉吃，人都瘦了”的慨叹。韩国饮食的主要特点是高蛋白、多蔬菜、喜清淡、忌油腻，味觉以凉辣为主。韩国人自古以来把米饭当做主食，菜肴以炖煮和烤制为主，基本上不以油炒菜。最典型的就是韩国的“国菜”泡菜，其出口量据说是世界第一，其种类之多也堪称世界之最，基本做法就是以白菜、萝卜、辣椒为原料，简单腌制即可。

韩国人普遍爱吃凉拌菜，凉拌菜是把蔬菜直接切好或用开水焯过后，加上佐料拌成的，还有生拌鱼肉、鱼虾酱等菜肴。生拌鱼肉，是把生肉、生鱼等切成片，加上作料和切成丝的萝卜、梨等，再浇上加醋的酱或辣酱拌成。这些菜肴，基本不用烹制，维持食物的原貌，尤其是蔬菜，更是以“原装”来佐餐。如韩国烤鸭不用面饼包鸭肉，而是用菜叶来裹，碧绿的生菜上佐以葱蒜、调料，夹上烤好的鸭块，色、香、味俱佳。还有一种特殊的菜——芝麻叶，据说其中含有人体需要的多种物质，还有防癌、抗癌作用。

韩国热面，素淡为本

原州拌饭，讲求原味

主食之中，“拌饭”可以说是韩国饮食体现素朴之美的代表。取适量蒸得香味沁人、白亮柔软的米饭，将多种洗涤干净的新鲜蔬菜切成丝状，按随意的比例与米饭混合，再添加适量调味酱料与香油，拌匀后即可食用。拌饭用的蔬菜大多数没有经过长时间加热处理，很好地保留了蔬菜中的各种维生素，符合现代营养科学对食物加工的要求。来韩国，会发现韩国人中肥胖者不多，一般中老年人都能保持身材且有健康的气色，这显然同其饮食中的少油、低糖、低脂肪等良好的饮食习惯有关。当然，说到饮食，不得不提及即使在吃饭时，韩国人也保持的席地而坐的习惯，这种坐姿“省略”了椅子或凳子，显然也最符合节俭、素朴的原则。

一次，我到北汉山国家公园旅行，心想既然是国家公园，一定有一些基本设施，如扶手、石阶梯等。渐渐进入山中，才发现除特别必要之外，北汉山里的山路基本不加修葺，一任粗粝的石头裸露，山道两旁不设栏杆和扶手，野草、横木、大风吹落的树枝、倒下的大树，随处可见……此后，我又去了全罗北道的伽倻山国立公园、全罗南道的内藏山国立公园、庆尚北道的庆州国立公园等，也发现了同样的现象，尽量保持其素朴原貌是其“立园之本”。

我参观过几个韩国的庭院，如昌德宫后苑、城乐园，还有熙园，印象最深的是韩国的庭院最大限度地贴近自然，是人与大自然融为一体的空间。《韩国的庭院：通过素朴且未加修饰的自然美体现出韩国传统宇宙观》中指出：“韩国的庭院凸显自然之美。土地与结构物、花草与树木、水流与莲池、怪石与围墙、小桥与小径，这一切不但井然有序，且不乏功能优势，呈现出与大自然和谐相融的景致。”又：“韩国艺术价值取向最接近自然。同是庭院，韩国的却不是缩小自然，切割开来使其再生。因为房子本身就

韩式庭院、街道多以原木为饰，给人古朴之感

是在自然中建造起来的，所以他们觉得没有对其再进行加工的必要。坐在房子里隔着篱笆向远处望去，自然总是与人共生共存。”历任韩国传统造景学会代表且拥有江华岛韩屋建筑“学思斋”的 Kim Yeongdeok 表示，韩国、中国、日本的传统庭院均拥有水、怪石、树木、结构物等四个要素。不过仔细端详，其中也存在一些差异。例如韩国多用红松，而日本和中国庭院则多用樱花与金叶桧。还有，日本庭院强调整洁，而中国庭院讲究气派，相比之下，韩国则更注重非人为的自然美。如昌德宫后苑这座规模较大的

庭院则多建了几个楼阁，演绎出多姿多彩的风景。

媒体人士金宰贤则把素朴上升到“社会正义”的境界——“我小的时候，经常听到这么一句话‘在河沟里，出来了一条龙’，指的是贫寒家庭出身的成功人士。现在这种情况越来越少。如今考上首尔大学等名牌大学的学生大部分都是出生于富裕家庭的；工作也是，有背景的人更容易找到一份好工作。因为每个人在其‘起跑线’上以及‘发展过程’当中都能获得公平的机会，所以人们都愿意接受其结果的社会。韩国人所希望的社会也只是这么朴素的社会。”在此，“公正”、“正义”也是一种价值观意义上的“素朴”或“俭素”。

四

韩国自古是一个农业国，至20世纪六七十年代，才进入真正意义上的工业社会，节俭、素朴是农业社会崇尚并奉行的价值观之一。这在许多哲学著作中都有体现，在中国基本体现在墨子及老子的学说中，墨家提倡“节用”、“薄葬”、“兼爱”、“非攻”，而老子则将素朴上升到哲学层面。在老子的学说里，“俭”和“素”曾多次出现。可以说，“俭”、“素”之于老子，具有本体论的意义。在生活态度上，老子则提倡“俭素”，所谓

韩国自古是一个农业国，近代才急剧转型，故保留了许多前现代化的痕迹（摄于温阳温泉民俗博物馆）

“我有三宝，持而保之，一曰慈，二曰俭，三曰不敢为天下先”，还有“见素抱朴，少私寡欲”，这里面含着治国的真理，所谓“我无为而民自化，我好静而民自正，我无事而民自富，我无欲而民自朴”。俭素的反面是奢华，所以老子极力反对奢华，所谓“大丈夫处其厚，不居其薄；处其实，不居其华”。

可以说，老子学说带有鲜明的农业文明特色，是小农经济的哲学反映。但如死板恪守“无为”、“无事”、“无智”、“若啬”、“不欲”、“素朴”、“寡欲”、“淡泊”等主张，商品经济就不会发生，现代社会也无从谈起。但是，在一定条件下，“俭素”精神在现代社会却并非不能具有一席之地，在讲究竞争、生产、消费、时尚、方便的现代生活中，“俭素”的智慧成分是完全可以保留的，从审美趣味到饮食习惯，从色彩偏好到社会价值观，都可以看到她的身影——这就是“俭素”的现代意义。

韩屋、韩亭，大拙若扑，其质一也

⊙

# 仁寺洞，邂逅“两园”

从购买旅游纪念品的难易程度来说，韩国要好于美国。美国的旅游纪念品全是 Made in China，从纽约、华盛顿、拉斯维加斯、水牛城、大峡谷，一路匆匆走来，基本没有可买之物，一不小心，就会当一把出口转内销的运载工具；而韩国讲究“身土不二”，保护本国产品和市场的意识很强，于是有很多本土产品，这也表现在旅游纪念品市场上。2011 年 3 月返韩不久，第一周去首尔仁寺洞居然就买了两件产品：一是高丽青瓷瓶，二是瓷画《美人图》。高丽瓷有青瓷、白瓷之分，所买青瓷瓶通体一色，温润如玉，高雅脱俗，充分体现韩民族崇尚简朴的特点，一眼看中，毫不犹豫买下了。

位于首尔的仁寺洞，是韩国传统工艺品的集散之地

而欲买瓷画时则有两种选择，一是描绘朝鲜民间风俗的《摔跤》，二是这件《美人图》。这两件作品又恰恰与朝鲜时代晚期的两位著名画家相联系——《摔跤》是号称“檀园”的画家金弘道的作品，而《美人图》则出自号称“蕙园”的画家申润福之手。

其实，去仁寺洞，一开始我是一门心思要买那件《摔跤》的，不仅是喜欢其散发出的浓郁生活气息，还是因为这幅画反映了朝鲜时期端午祭的民俗场景，据说中国端午节的许多习俗如插艾蒿、菖蒲，吃粽子，饮雄黄酒，戴荷包、五毒兜兜，拴五彩缕，划龙舟，纪念屈原等习俗，在韩国的端午习俗中并不存在。在韩国江陵地区的端午祭中，祭祀、演戏、游艺是其主要内容。江陵端午祭的活动丰富多彩，除指定的祭礼、巫祭、官奴假面戏、农乐竞赛、儿童农乐竞赛、鹤山奥道戴歌谣外，还有众多的民俗活动，如汉诗创作比赛、乡土民谣竞唱大赛、全国时调竞唱大赛、拔河、摔跤、荡秋千、射箭、投壶等。庆祝活动有烟火游戏、端午放灯等，夜间活动有国乐表演、伽琴并唱等，而《摔跤》反映的就是这种热闹场面。

但一看旁边摆着的《美人图》，不知为何，越看越倾向于后者了。前者热烈甚至还有一些诙谐，但人物太多了，适于近看，不适于摆放，一幅画作或摆放，或悬挂，人物不宜太小，《摔跤》里的人物有22个之多，稍微远一点看，只见一堆堆的小色点和线条，没有一个集中的视觉中心。《美人图》只画了一个人物，一位端庄高雅的朝鲜年轻女子，她身着典型朝鲜王朝女性服饰，双手似乎无意识地抚弄衣襟前精美的饰物，头上戴着当时在上流社会的女性中十分流行的假发，脸部及双手略施浅粉，含情脉脉，颇有“淡妆浓抹总相宜”之妙，显出身份的高贵。在作品的左上角，提有“盘薄胸中万花春，笔端能写物传神”的汉字。当然，更吸引我的是其色彩的运用与分配，其背景十分简单，就是绿色和黄色及其混合色。在色彩分配上，人物右边为浅绿色，左边则为浅黄色，若细看这黄色和绿色又有浓淡、深浅之分。不仅单色如此，混合色也有这种有氤氲融通之妙。女子身着一色染绿长裙，在其右侧主要是淡黄色的衬托下，显得格外引人注目。再往上看，女子的上衣是白色，而领口细边、挽带和发髻则纯为黑色，在这一局部上，黑白的对比十分鲜明。这样，从局部看，就有了黄、绿、黑、白的小色块，而从整体上，这黄、绿、黑、白的搭配又构成一种恰到好处的一体视觉效果，从色彩上给人以美的感受。从这幅画看，申润福采用的水平构图较多，线条美丽纤细，他虽善于运用色彩，但又避免过于浓烈的色彩对比，背景处理简单中又不无细腻和丰富。如这《美人图》的背景就是黄绿两色，黄绿融合中又有氤氲融通之妙，可见蕙园已深通破墨皴染之法。所谓破墨，也称泼墨，是中国画在特定的宣纸和水墨相互作用下产生的一种特殊的艺术效果。泼墨技法是利用水墨在生宣纸上自然流淌、渗化的性能，形成画面的大结构，再用笔整理，补充完成完整的作品。现代画家黄宾虹说："破墨之法，淡以浓破，湿以干破。皴染之法，虽有不同，因时制宜可耳。"又说："齐白石作花卉草虫，深得破墨之法，其多以浓墨破淡墨，少见以淡墨破浓墨。"作画用破墨法，目的在于使墨色浓淡相互渗透掩映，达到滋润鲜活的审美效果，《美人图》在单色中又有浓淡深浅的变化，显然得益于此。

申润福的代表作是《蕙园风俗图帖》，主要描绘当时男女间的情爱行为或享乐生活。其主题包括在妓房行乐的两三对男女的幽会情景，有僧侣参与的色情场景以及调情的俗女、舞俗、酒铺等内容。这些风俗画都设定了与主题相吻合的背景，以此来烘托氛围。不仅有莲池、深谷、江边、僻静的乡间小路、废屋、水井等背景，还以金达莱和菊花等烘托。《端午风情》表现了端午的风俗，即在端午时候女人们用菖蒲煎好的水洗头发、洗澡和戏秋千的情景。它里面首次出现女人裸体，而当时的社会无法接受。画面色彩鲜明、背景精细，最有意思的是描绘后面两个小和尚偷看的场面。《月下情人》、《月下密会》、《莲塘野游图》、《舟游清江》、《双剑大舞》都是表现了男女相爱的情景或者士大夫的阔绰生活。风俗图帖中的各色人物都以符合其身份、性别、年龄的服色来表现性格，体现了他游刃有余的线描技法和优美的色彩感。

说了半天蕙园，该说说"檀园"金弘道了。金弘道是与蕙园申润福齐名的朝鲜时代晚期画家，其年龄略大于申润福。檀园自幼习画，凡山水、仙佛、花果、禽虫、鱼蟹、人物，皆臻其妙。他常以幽默与讽刺的手法描绘下层庶民生活，成为郑鄯以后的李朝画坛巨匠。其影响最大的代表作是

金弘道（1745—1815），朝鲜画家，字士能，号檀园、丹邱、西湖、高眠居士，金海人，活动于李朝晚期

韩国画家金弘道，人物，立轴，水墨纸本

他在40岁之前所画的《檀园风俗图帖》，现藏于韩国国立中央博物馆和三星博物馆。《檀园风俗图帖》共25帖，每帖高28厘米、宽24厘米，题材包括私塾、田耕、射箭、摔跤、行商、舞童、上瓦、铁匠铺、路上过雁、占卦、渡船、酒铺、争地游戏、洗衣场、井边、切烟丝、编坐垫、水稻脱谷、赏画、织布、钉铁蹄、捕鱼、登山、午餐以及赶集路等日常生活情景。

从这幅作品的名称就可以看出它是以平民日常生活为内容的。《论韩国风俗画的形式美》评论说：其作品大都略去了画面背景，如无必要，像房屋、花木、山水等景物绝难进入他的画面；他的笔触只去捕捉、描绘人物的姿态和动作，充分表现画中的社会氛围。金弘道运笔灵活、粗犷又不失细腻，在他的作品中，人物的表情都十分生动。他的笔下经常出现朝鲜时代后期那种纯粹的大圆脸、结发髻、穿白裤白衣的韩国庶民。铁匠、乐匠、石匠、木匠、士人、长士等男性爷们的生活、爱好和劳动之美，是其绘画的主要内容。娴熟的构图、丰富的感情、夸张的表情动作，使其画风在清新中透着一股市井平民的幽默情趣，如其代表作《摔跤》和《书堂》。《摔跤》画中，两个选手正在激烈搏斗，一人已将对手抱起，被抱之人身体几乎腾空，只有一脚微微点地，但他两手紧紧拽住对手的跤衣，在弱势中以求平衡，而对手则明显要集中“发力”，借助将对方抱起的“优势”把他摔倒。这时，两人的重心全在双方两脚之间的一个点上，画家捕捉到了这一运动的瞬间和重力的支点，画面的视线也全部集中到两个选手着力的那个支点上。此时，四周观者或凝神关注，或以扇掩口，或嘴微微张开，或

《摔跤》

《书堂》

面带惊诧，或仰面赞叹，或露齿而笑，所有目光都集中到摔跤者相持中那两脚之间的支点上，构成一种平民生活的幽默氛围。《书堂》描写的则是朝鲜时代的私塾场景，宽容幽默的私塾老师的脸起着平衡和引导整个画面的作用，画面的中间带着哭相蹲着的学童们是此画的焦点。其周边画有流泪的少年，此少年可能是违反了纪律或没做作业，一副就要挨罚的狼狈相，其他粗头乱发的学童们咯咯大笑，连私塾老师也强忍着笑。其他所有人的眼神集中到了把书放在地上蹲着伤心落泪的学童，其构思中就着意造成幽默效果。据说檀园为官时，一边理政，一边深入百姓生活中去。每到寒食节或清明、端午等节日，他都会与百姓一起进行摔跤等活动，而他也用画笔把这些瞬间记录下来，日后就成了《摔跤》、《纺织》和《书堂》等作品。他的作品已经不仅仅是简单的风俗画，而是今人“窥视”朝鲜王朝人

们生活的一个很重要的窗口。檀园画作在构图上有一个共同特点，即都是在无背景的白纸上重点描绘出主题，其构图细密，让观者不知不觉间身临其境，产生共鸣，而这一切均无人工痕迹。另外，其画作所表现的笔线特征也令人惊讶。在不打任何底稿的情况下，用刚直、粗重的线条自然地绘出人物。整个构图似乎经过精密计算，人物位置恰到好处。

不想在仁寺洞取舍之间的这两幅画，正好代表了朝鲜时代晚期两种迥异的独特画风，其作者檀园金弘道和蕙园申润福被称为此期的两座大山。金弘道主要活动于 18 世纪中期到 19 世纪初期，申润福略晚于他，因此受到了金弘道的影响，但在捕捉画面形象上又形成了自己独特的个性。金弘道的风俗画背景简略但画面构图出色，而申润福细心的描绘比较突出；金弘道采用的是粗墨线和透明的色彩，表现出朴素强烈的生命感，而申润福则是以细腻的笔势和华丽的色彩效果见长；金弘道以农村日常生活百态为风俗画的表现中心，而申润福则主要致力于描绘当时的都市百态，并且把风俗或男女间爱情的表现融入自己的艺术之中，大胆表现色情内容，散发着情色气息。

走了一趟仁寺洞，买了两件纪念品，无意中接触到朝鲜时代两位著名的画家，也是纪念品之外的另一大收获吧。

# 初识韩国“恨文化”

一

第一次听到“恨文化”这个名词，还是在一次有韩中学者参加的学术会议上，席间一位中国学者提到，一次他和韩国学生们去欣赏韩国的传统音乐——清唱，感觉其中弥漫着一种说不出的复杂情感，思索及疑惑间，韩国学生对他说：老师，这里面表达的主要是一种“恨”的情感和情绪，是我们韩国“恨文化”的一种体现。见老师不解，学生解释道：“这里所说的‘恨’，不是仇恨，也不是一种单一的感情，而是一种复杂的综合情感，就像西方人所说的‘××情结’；有人说我们韩民族是一个多‘恨’的民族，而韩国的文化则是‘恨文化’，这个‘恨’有仇恨的意思，但又不完全是仇恨的‘恨’，而是对无法实现梦想的憧憬和惆怅等复杂的情感，《阿里郎》就是‘恨文化’的典型代表——说不出的悲壮，伴随着泪水，回不了的家乡，未能实现的理想，无悔的恨，永不放弃的感情，这里面表达的是韩民族的一种生命美感……”这位学生的解释跳跃性很大，虽然听得有点似懂非懂，但打那以后，我头脑里就有了“恨文化”这一概念。而出于对概念的敏感和好奇，也就很想把它搞清楚，究竟什么是韩国的“恨文化”，于是也就处处留心。

美国学者小拉什·多兹在《仇恨的本质》里论仇恨说：

仇恨，是人类头脑中的核武器。一旦引爆，它可以将社会秩序炸得四分五裂，把国家推向战争的深渊，使民族陷入仇杀。仇恨，摧毁了各种人际关系，使原本相亲互爱的人们彼此交恶，暴力以对，甚至发生蓄意的谋杀。仇恨产生的冲击波将使人类的文明和宽容一扫而尽。它刺激个人去追逐残暴之举，使人们分门别派，彼此争斗，陷入凶恶殊死的对抗之中。仇恨，使工作环境散发着仇恨的气焰；仇恨，扭曲着孩子们的心灵——年幼的他们对仇恨的毁灭性影响毫无防备；更可怕的是，这种褊狭的诱导使仇恨一代一代得以重生。仇恨，吞噬着我们的健康，使我们的心脏感到紧张，血压升高，使我们的免疫系统受到抑制，使我们的大脑受到破坏。而自憎则使人们不觉产生消极的自我认识，剥夺了生活的乐趣，导致心理抑郁甚至自杀行为。

虽说“仇恨”不是“恨文化”的全部和本质，但无疑是其中的一个组成部分，是理解“恨文化”的第一步。韩民族的生存环境险恶，历史上饱受占领、同化、战乱之苦，尤其是近代日本的占领和国家南北分裂，更成为其心理上挥之不去的阴影，所以韩民族养成了一种尚强悍、有血性、易激动、多抗议的民族性，试看——反日、反美、反新政，韩国一直是片抗议的热土。据称，韩国每年平均发生抗议示威 11 000 次，大规模出动防暴警察 85 次。屈辱的殖民史，强烈的危机感，造就了“愤怒的韩国人”。

据韩国学者金烈圭的解释，“恨”不是个别人的情感体验，而是整个韩民族的“集体无意识”，是在长期的历史过程中，蓄积极久的一种大众化的社会风尚和伦理观念。它在这一集体中的每个成员身上留下了深刻的烙印，具有所有个体都有的大体相似的内容和行为方式。它超越了个性的心理基础，普遍地存在于每一个韩国人身上，属于一种群体心理。金烈圭在其《恨脉怨流》中说：

> 韩国无处不有"恨"。在生活的每一个小巷和角落，在踏访、旅行的每一个路口，在翻阅察看的每一页书页里，在偶然相识的乡村大嫂的身世打令（民谣之一）中，在巫女阿妈妮的成巫经历中，在村妇村老的人生八字故事里，随时随地都能够遇见"恨"，感受"恨"。"恨"似乎早已成为他们生活的基本情感、基本行为方式。

另一位韩国作家也曾这样描述道："如果'恨'也有颜色，一定就是那种颜色。……那是这块土地、这个国家的颜色。如果谈及'国色'，那么她必定是黄土的颜色。如果黄土就是悲伤的'恨'色，那么这块土地上哪一处不是'恨'的颜色。所有的人都是在这块黄土地上诞生，然后踩着黄土地走过人生，最后又是踩着黄土地返回朱黄色的坟墓。黄土色的'恨'，是韩国人用生与死调色浸染而成。"

可见，"恨"这一概念具有文化内涵，在韩国社会和民众间十分普及，具有极其广泛的认同度，是渗透于普通民众行为和心理的一种文化现象。当然，愤怒及有指向的仇恨，只是理解韩国"恨文化"的第一个层面，而其深处内涵远远超出了愤怒和仇恨等单一成分。

我曾见过这样一条资料，大意如下：一位中国游客在韩国民俗村参观时，随手买了一套三张光盘的《韩国民歌民谣大全》。回家一听，均是高音女声似唱似诵的传统演唱作品。在节奏坚定、击打果敢的震耳鼓点，以及近乎于撕裂肺腑的伽倻琴伴奏下，唱者扯开嗓子，用尽全力喊出了一个一个的韩国语词汇。这，就是他听下来最直接的感受。他问韩国朋友，为何所有的民歌、民谣，好像都是咬牙切齿、充满愤怒的作品呢？为何女性之声竟无一丝阴柔之美，而是充满了强悍和阳刚之气？它们能够体现韩国民族的传统性格么？韩国民族传统性格的核心特征究竟是什么呢？回答是那么的肯定和简练——韩国民歌、民谣确实是韩国传统文化的精粹，它们充分地表现出了韩国民族性格的核心特征，那就是"恨"。

一次，到汉江边游玩，刚出汝矣岛的地铁站，我就听到从江边远远地传来一阵阵"呜啊呜，啊咦啊"的歌声，在阴雨霏霏的天气里尤其显出无尽的悲凉。走近一看，原来是一群年轻人在排练，身旁的显示牌标有“High 首尔 2010”大型音乐会——原来这是其中的一个节目。场地内摆满了椅子，没有什么观众，只有三三两两的路人不时驻足翘首。我撑着雨伞，找到一把椅子坐下，欣赏着这阴雨天中的彩排。这些年轻人都很投入，我观察到他们击打“鼓点”的乐具很是特别——不是木棒，而是大小不一的钢刀，那时断时续的伴奏“贝斯”声正是他们那犹如剁菜般的动作中发出的，“哒哒哒，哒哒哒，哒哒、哒哒、哒哒哒……”伴奏击打中，只要有一些空隙，这些“操刀手”还不时地把刀具向上小抛几下，然后再接住，很像调酒员的某些花样动作，看得人不禁有点心惊肉跳……再看那歌者，原来是位年轻女子，也就二十几岁左右，但其发出的声音却是那样浑厚、苍劲，充满雄性美。这咏唱也是没有歌词的，听上去像是女中音或低音，也是“呜呜啊呜啊呜，啊啊啊啊啊呜……”这样的原声咏叹，不是唱，而是类似于喊叫的一种声音，在汉江边空旷辽阔的空间衬托下，颇有一些悲凉之美。

辛升镐，韩国人，现年 34 岁，属龙，来自韩国首都首尔。四年前，他来到杭州，在西溪路上开了一家精致的咖啡馆。当记者问到韩国人的核心性格时，辛升镐的答复如下：

> 这是一种长期被压抑的“恨”。朝鲜半岛前面是隔着大海的日本，后面是亚洲大陆，这样的位置很不好。在历史上，前面来的海盗，后面来的草原游牧民族经常光顾我们的国家，而由于我们是半岛国家，根本不存在腹地这种说法。换句话说，几乎每个地方都会遭到入侵。海盗也好、游牧民族也好，他们每次的到来对国家都是一场浩劫。“每天都被人欺负，只好认命，再大的仇恨和痛苦，也只能压抑在心里，一旦有机会，就会彻底地爆发出来。在我们那里，有很多关于‘恨’的歌，也有关于‘恨’的舞蹈。”韩国有一支民谣叫《恨 500 年》。韩国崔吉城教授在他的《恨的人类学》中解释说，“恨”，绝不是怨恨。“恨”是沉淀在自己内心的情感，没有具体怨恨谁那样的复仇的对象。“恨”，是对未能实现的梦想的憧憬。

显然，本文所要追究、讨论的韩国“恨文化”中的“恨”，有着更为广阔深刻的外延和内涵，是韩民族标志性的文化心理概念和范畴。理解了它，也就握住了一把打开其民族心灵之门的钥匙。

水原大学图书馆内有关韩民族屈辱记忆的书籍

## 二

后来，在韩国走的地方多了，才切切实实地感受到“随时随地都能够遇见‘恨’，感受‘恨’”之语，并非虚言。

一次，我和一位朋友去首尔的现代艺术博物馆游览，这个博物馆坐落在首尔大公园里面，周围花木环绕，景色宜人。博物馆的建筑群落刚刚映入眼帘，我们就被一阵阵的低声呜咽所吸引——“呜呜啊呜啊呜，啊啊啊啊啊呜……”这声音时而低垂，如风柳划水；时而高昂，如雁阵冲天，发出几声凄厉的哀鸣……定睛一看，眼前是一个四米多高的巨人雕塑，其名为《歌者》（*Singing Man*）。雕塑为金属质地，很高大，人的头部才及其膝盖部位。后来看了一些资料，才知道原来这位*Singing Man*的作者是一位大名鼎鼎的室外公共雕塑家，最擅长制作室外“巨人”，他那与外界景观浑然一体的巨大造型提升了城市的整体艺术氛围，使其富有生命活力，是当今空间艺术的一个新的亮点。只见这位老兄嘴巴一开一合的，那呜咽之声就是从他那喉咙深处发出的——“呜呜啊呜啊呜，啊啊啊啊啊呜，啊啊呜呜啊，呜呜啊啊呜啊……”这声音大致有一种节奏，反复循环，没有歌词，没有意义，只有一阵阵或高昂或低沉的悲吟，给这空旷萧索、草木枯黄的冬季平添一种悲凉的感觉。同行的李老师忽然来了灵感，他说，这不就是韩国民族悲凉的象征吗？我也受此启发，心中萦绕已久的对于韩国“恨文化”的思考一下子找到了一个形象的表达和寄托，于是拿起摄像机赶紧摄像。

照我理解，这一雕塑就是韩国“恨文化”的一个形象写照。思索间，这个巨大的歌者还在“呜啊呜，呜啊呜”地唱着，一队小学生排队走过，不解地看着这个室外巨人，尽管有老师的讲解，他们红扑扑的小脸上挂着的依然满是兴奋、好奇和疑惑。那天的室内参观没留下什么深刻印象，倒是这个原来没有列入“计划”的巨人《歌者》成为不可多得的审美收获，尤其是把他和汉江边的那个女歌者联系起来，两者之间隐然有一种共同的审美逻辑。

《歌者》

三

为了更进一步地了解韩国“恨文化”的内涵，我把目光移向了生活中的人。因为人是文化的活生生的载体，任何文化的基因都会在人身上体现出来。在韩国，我有一门研究生的课是讨论课，出于对“恨文化”的关切，于是我就布置了一道“谈谈你所理解的‘恨文化’”这样一道思考题。刚宣布的时候，几个学生不禁面面相觑，面部表情好像在说“我怎么不知道……”于是我出示了一条资料，题为“韩国人心中有恨”，载于 2007 年 4 月 4 日的《南方周末》，其中有这样的文字：“访谈快结束时，李周美在桌子上写了一个‘恨’字。韩国人心中有恨，那是一种浓得化不开的大恨。李周美说，如何把这种大恨转化成乐观与豁达，是韩国的一个新课题。”经过一番解释和讨论，几位同学好像都理解了。于是给一周的时间让大家准备，并分配了具体话题，可以借鉴别人的资料，也可以结合自己的观察与感受。

恨，文字内涵丰富多义。宋同学在中国留学五年，北师大中文系毕业，每次讨论都是打头阵。她说，今天的发言不全是自己的观点，综合了一些相关资料。她说，虽然韩语的“恨”与汉语的“恨”是同一个字，但其含义不尽相同。“恨”在汉语里，最初多用来表示“遗憾”之意，后来语义发展变迁，除表示“遗憾”以外，还表示“怨”与“仇恨”等意思，特别在现代口语中，“仇恨”的含义所占比重越来越大，面对“恨”字，中国人通常容易联想到“仇恨、痛恨”的含义。韩语的“恨”最初同汉语“恨”一样，多表示“遗憾、悔恨”之意，后来经发展变化，语义变得比汉语丰富起来，不仅表示“遗憾”，还表示“悲哀”与“怨恨”，以及“冤屈”、“怨冤”、“惋惜”、“可惜”、“夙愿”、“愿望”、“忧愁、“愤慨”、“伤心”、“挫折”、“失望”、“不满”、“绝望”、“悔恨”、“自责”等多种意义，其中“悲哀”与“怨恨”的情感含义所占比重较大，同时还有克服、意志、奋发向上、为他人“解恨”的积极含义，显然这与现代汉语“恨”之“仇恨”、“仇视”含义所占比重较大的特点有所不同。简而言之，韩语的“恨”主要不是“仇恨”之“恨”，而是指悲哀、痛苦、怨恨、悔恨、自

责等多种情感要素长期在心灵深处累积而形成的一种郁结、凝固的状态。(朴钟锦，2006)

恨，不是仇恨。有些日本人一提到韩国的“恨文化”，就认为是指韩国人对日本人恨之入骨。这是很大的误解。

例如，韩国电影《悲歌一曲》表达的就是这种“恨”的心理和情绪，它以韩国传统的艺术形式“清唱”表演作为贯穿故事发展的主线，其故事梗概如下：一天，东户厌恶了前途暗淡且辛苦异常的清唱艺人生涯，与父亲吵架后，离家出走。同时也在学“清唱”的姐姐松华也因此受到打击，疏远了“清唱”。为了使女儿能懂得“清唱”的真谛，达到炉火纯青的“得音”境界，父亲给女儿服药，使之失明。“6·25”战争爆发后，失散的东户到处寻找姐姐和父亲，终于在一个偏僻的旅店里，姐弟邂逅。俩人彻夜用鼓声和《沈清歌》的“清唱”确认对方，但天一亮，没有交换只言片语，两人像陌生人一样分手了。

李浤淑在《〈悲歌一曲〉与韩国人传统的审美意识》中分析，所谓“悲歌”，即指“清唱”。这部影片对“恨”的理解是，“恨”有悲哀的成分，但又并不止于这种悲哀，而是通过解恨的方法消除悲哀。“恨”并不是叹气、放弃，眼泪也不是败者的牢骚，而是克服的意志。无“恨”的人是没有希望的人。但只把“恨”界定为克服的意志，禁止把它发展到怨恨和复仇。“恨”才是最韩国式的情感。影片传达了这样的认识——一个有复仇力量的人不可能有“恨”。怨恨大，但无力去复仇，这时“恨”的悲哀才是强烈的。韩国固有的“恨”是因为怨、冤不能通过复仇来解开而形成的。怨、冤来自自虐，自虐的情绪中生长着离别的愁绪和等待的萌芽，它发展为自叹、自恨的感情。对在生活中碰到的委屈和怨恨只是独自承担，这就是“恨”的伦理形态。

恨，是遗憾，是无奈。朴同学接着说，我同意小宋所说的，“恨文化”中的“恨”不是仇恨的恨，而是对无法实现的梦想的憧憬、遗憾和无奈。《阿里郎》就是“恨文化”的典型代表，试看看其歌词：

阿里郎，阿里郎，阿里郎哟，我的郎君翻山过岭路途遥远，你真无情啊把我扔下，出了门不到十里路你会想家。阿里郎、阿里郎、阿里郎哟，我的郎君翻山过岭路途遥远。春天黑夜里满天星辰，我们的离别情话千言难尽。

《阿里郎》表达的是韩民族的生命美感。作为一个阿里郎民族的后裔，每当我听到这首歌，就会感受到一种说不出的痛心。这是一个伴随着泪水，表达着无论如何难以接受弃我而去这一事实的强烈情感的艺术世界；是对自己未能实现理想的悲伤，并且，它像冰冷的雪一样积聚在心中。这有弃无悔的恨，是韩国文化的精华。

阿里郎、阿里郎、阿里郎哟，我的郎君翻山过岭路途遥远。春天黑夜里满天星辰，我们的离别情话千言难尽。阿里郎、阿里郎、阿里郎哟，我的郎君翻山过岭路途遥远。今宵离别后何日能回来，请你留下你的诺言我好等待，我好等待，我好等待……

“恨”，是指“未能完成的事”，或“达不到的目的”。小车是个男生，他接着说，对，所谓遗憾就是有什么事情没有完成，而“未有完成的事”往往有更大的想象空间，你们中国不是也有“至今思项羽，不肯过江东”这样的遗恨之句吗？我们韩国人所谓的“恨”，其实是指他们“未能完成的事”，打比方说，一个人，他从小就吃不饱饭，此时他的心中就有所谓的“恨”，而他的“恨”就是让他的后代不会再像他一样吃不饱饭。在我看来，他们的“恨”是他们由对现实的不满或是对生活的遗憾而产生的一种心理，是一种积极的东西，能够促使他们不断努力、奋斗。韩国前总统金大中曾说：“照我看来，朝鲜文化已经成为一种‘恨’的文化……在整个历史过程中，我们一直生活在‘恨’之中。”在长期的分裂与动荡不安中，朝鲜人养成了一种极端的民族主义思潮，他们对于自己国家的时事极为敏感。因此，无论是老一代还是年青一代，对外都显得极为激进，他们有着极强的排外思想，因此整个民族的文化便染上了如金大中所说的“恨”的色彩。你看，至今祖国分裂，南北尚未统一，这是韩民族胸口上的巨大伤痕，是一种“未能完成的事”，及“达不到的目的”，这就是一种巨大的“恨”啊。

恨，“痛的零化”及“无我状态”。朴钟锦在《韩国人“恨”的文化解读》中指出，韩国人“恨”的重要特点之一，就是“痛的零化”、“无我状态”与“恨”的自我指向性。所谓“痛的零化”与“无我状态”，即指痛的至深至烈，是一个没有边界和限度的悲伤、痛苦概念，它的特点不在于“哀而不伤”、“怨而不怒”、“不偏不倚”，而在于痛苦、悲伤等情感被推到无以复加的极致时才能体会到的“悲哀的空白状态”。这种极致的“恨”，多以内向化、自我指向性为特征，即常把不幸的责任归因于自己，就像无力救治孩子而眼睁睁看着孩子死去的母亲，把孩子的死归因于自己，认为自己无力救治孩子就等于是自己害死了孩子，孩子死了就等于宣判了自己的死，于是自责、自怨、自恨，甚至自虐，让痛来惩罚自己，直到痛到无以复加的极致时，在痛的“零化”与“无我”的状态中，重新找回自己，使自己获得重生。例如《悲歌一曲》中的父亲，为了让女儿学习好“清唱”，不惜把自己的女儿的眼睛弄瞎，以达到炉火纯青的“得音”境界。

恨，是尊严的最后防线。韩同学最后发言，她说，恨，还会表现为一种激烈的悲壮，我看了《多“恨”的民族，多“恨”的总统》一文，我就将其作为我主要的发言内容介绍一下吧。2009 年 5 月 23 日，因“贪污罪”受韩国检察机关调查的韩国前总统卢武铉在家乡青山的悬崖上纵身一跃，选择用最激烈的方式结束了自己的生命，震惊全世界，这一举动，充满了韩国民谣《阿里郎》式的悲壮。有分析认为，根据韩国学者辛恩卿的观点，“恨”的心理成因主要是“疏离感”与“压抑感”。如果“疏离”与“压抑”的现象同时且反复持续作用下去，感情就会郁结成凝固的状态。这个感情的凝固状态就是“恨”。其蓄积已久，成为一种悲哀、愤怒、忧患、自责、悔恨、挫折等多种复杂的感情，达到“穷极”状态时，郁结的心、凝固的“恨”就会突然“液化”，有时甚至“溢出”，那是痛的一种“零化”状态，是一种自我意识消灭的体验，是“恨”的一种“自我空白”。卢武铉的“疏离感”与“压抑感”正是源于他从韩国的主流社会中被无情地疏离出来，处在中心之外。这里的中心，既是李明博政府及其力量或权力影响下的检察机关和各大媒体，也包括韩国民众的共同价值观。而他所以被“疏离”

于主流社会而备感“压抑”，其主要原因如下：执政不利，失去民意支持；道德威压，使他无颜面对国民；检察机关的过度调查与媒体的推波助澜，使他“以死明志”。所以，如果说韩国人是“多恨”的民族，那么卢武铉就是“多恨”的总统。他从草根到总统，又从总统这一人生高峰纵身而跳，成为千古“恨人”，这是韩国传统“恨”文化的价值观对其影响的结果。他在经历了“恨”的至痛至苦之后，毅然选择赴死以救赎，而韩国民众哭泣着选择了原谅和敬佩。这就是韩国人的“恨”，常常在天与地的两个极端之间徘徊彷徨，而且在历史上它曾汹涌成河。

最后，金同学旁征博引总结道：总之，韩国人是一个多“恨”的民族，这个“恨”，正如学者金烈圭所言：

> 有时是一种心中沸腾的怒火和愤慨，有时又是一种对他人的诅咒和复仇之气；有时是一种自责的撕心裂肺，有时又是一种以刀相向的怨恨；有时会像燃烧的火焰，有时又像冰山一样冷峻；有时是一种淡淡的悔意，有时又是一种面对无法挽回的失败而捶胸顿足的痛哭；有时会成为不愿留有遗恨，咬紧牙关，争取成功的动力或冲动，有时又会成为一种不给他人带来怨恨、善邻友邦的道德伦理意识；有时它是对万恶世道的一种切齿痛恨，有时它也是突如其来的一场灾难，是降临在人们头上的晴天霹雳，有时它也是另外一种情况，即当自己的愿望无法实现而成为终身遗憾时，转而为处境相同的他人免遭“恨”遇而付出的各种努力。

两个多小时的讨论紧张而激烈，信息量很大，到底文化的载体是人，正是这些韩国学生出于对本民族文化的关切，认真搜集资料，认真准备，踊跃发言，使我有了一个进一步了解韩国“恨文化”内涵的机会。我刚来韩，自知认识肤浅，主持并参与讨论，略得其大意，力求给读者勾勒韩国“恨文化”的一个轮廓。

# 韩国“会议文化”：穿插演奏总相宜

韩民族以能歌善舞著称于世，所谓“韩风”的主要构成元素之一就是狂歌劲舞，表现出这个民族善于抒情及对艺术的喜爱，这一点即使在正式、严肃的学术场合也有所表现。在韩国，出于各种因缘，我参加过一些学术会议和论坛。发现有些会议中会穿插一些文艺演奏，在严肃的学术氛围中注入艺术的因素，使纯语言表达容易导致的枯燥气氛得以调节，形成独特的“会议文化”。

2011年3月18日，我在首尔江南“艺术殿堂”附近的国立国乐院参加“纪念新HSK实施一周年韩中文化论坛”。HSK，即“汉语水平考试”这三个词的字头缩写，HSK重点考察汉语非第一语言的考生运用汉语的日常交际能力，目前在全球58个国家、159个地区实施。这HSK区分新旧，新HSK于2010年实施，此前实施的即为旧HSK。旧HSK分11个等级，新的则将其压缩为6级。据悉，近年来韩国参加HSK的考生呈逐年增长趋势，2008年应考人数为44 500人，2009年为50 000人，2010年则为53 000人。与日本年均60 000人的报考人数相比，从人口比例上来看，韩国处于绝对优势，因为韩国人口只相当于日本的四分之一左右，报考人数却几乎接近日本。汉语教育在韩国究竟重要到什么程度呢？此次大会发言人之一、韩国《中央日报》中国研究所所长刘尚哲先生有一段积极的描述，他说："我是一个认为韩国学生甚至所有的韩国人的汉语实力就是大韩民国国力的人。我确信，在中国上升为与美国相匹敌的G2的21世纪，正如英语实力就是竞争力一样，汉语也是个人的竞争力。可以说，韩国的未来取决于韩国人的汉语实力。"这段话为HSK考试在韩的逐年升温提供了一种合理的解释，大多数韩国人看好中国的发展，看好中韩关系的未来，为自己的前途和发展提前投资是他们学习汉语的第一驱动力。

翻看大会议程，都是清一色的学术题目，如"韩国的各种汉语考试实施现状与课题"，"对外汉语教材的条件与'当代中文'的问题"，"韩国的第二外语教育振兴与新HSK"，"韩国孔子学院在汉语教育上的作用"等。按说，这样的题目和议程会略显枯燥，不容易引起与会者的兴趣，但细心的组织者安排了一些文艺演奏穿插其中，分别是韩国国立国乐院正乐团艺术导演尹文淑的奚琴独奏《水龙吟》，韩国国乐POPS管弦乐团指挥韩忠恩的大小笛演奏*Morning*，以及韩国中央大学音乐系博士生彭丽颖的古筝独奏《梅花三弄》与电视剧《大长今》主题曲《呼唤》。

会议下午1:20开始，不久，即有尹文淑女士的奚琴独奏上场。我细心数了数，至此时已经进行了四个发言，分别是开幕词、欢迎词、致词和贺词，在口语文字已经连续表达了35分钟之后难免有些枯燥，需要形式上的调剂，于是此时奚琴演奏登场。奚琴是朝鲜族人民喜爱的一种弓弦乐器，相传是中国古代东北一带的奚部族创造的，故名。北宋文人欧阳修在《试院闻奚琴作》诗中写道："奚琴本出奚人乐，奚虏弹之双泪落。"又："奚人作琴便马上，弦以双茧绝清壮。高堂一听风雪寒，坐客低回为凄怆。深入洞箫抗如歌，众音疑是此最多，可怜繁手无断续，谁道丝声不如竹。"唐宋时期，奚琴传入朝鲜半岛。据朝鲜成伣编《乐学轨范》所载："……以黝檀花木（刮青皮）或乌竹海竹弓马尾弦，用松脂轧之。按用左手，轧用右手，只奏乡乐。"现代奚琴，全长60厘米。琴筒木或竹制，有半圆球形和长筒形两种。前口蒙桐木薄板。琴杆木制，琴头呈弯月状、无饰，两轴置于琴杆上部右侧、与琴筒呈平行，轴顶旋成葫芦形。张两条丝弦或钢丝弦。传统演奏方法是左手扶持琴杆、满手握弦、不换把位，右手执马尾弓夹于两弦间拉奏。有颤音、打音、滑音等技巧。据说，奚琴能机动灵活地演奏各种乐曲，声音抑扬顿挫，连续自如，能惟妙惟肖地表现出喜怒哀乐等各种情感。以前只是耳闻，今日得以一见。听尹女士的演奏，总体感觉是奚琴音色质朴、刚劲、粗犷，有一定力度，这些均体现出北方民族的特点，而其演奏出的滑音、颤音等，则表现出伤感、孤独、无奈等情绪，音调堪称凄美。这一演奏使得原本会很枯燥的议程出现文艺的活跃细胞，之后则是历时两个多小时的主题发言，过程省略。此时，时间已是下午 5:20 了。

会开至此，就在与会者的大脑被连续的语言文字刺激得有些麻木的情形下，韩忠恩先生的笛子演奏和彭丽颖女士的古筝独奏又翩然登场了。而这一艺术穿插所导致的视听形式的转换，顿时集中了大家注意力，使大家被学术和文字绷紧的神经得以缓解。韩忠恩先生演奏的 *Morning* 为其自创，笛声悠扬，音调忽而激昂，忽而圆润，音乐所激发的想象境界十分开阔，使得大家的精神为之一振，沉浸在优美的笛声之中。之后他放下长笛，拿起短笛，长短交错演奏，不仅音调变化多端，而且情绪起伏很大，至此，几个小时会议所带来的疲劳几乎全被驱散，大家随着笛声尽情享受艺术的陶冶。当然，最出色的还是彭丽颖的古筝表演，看了会议议程和节目表才知道，原来彭丽颖女士是天津人，毕业于天津音乐学院的民族音乐系，后来韩国深造，是首尔大学音乐学院国乐系的硕士生，中央大学研究生院的博士生，现为驻韩中国文化学院的讲师。平心而论，韩先生的笛子演奏水平较高，已在会场上掀起了一个小高潮，而彭丽颖女士的登场则又给与会者带来了惊喜。彭女士带来的是古筝独奏《梅花三弄》，《梅花三弄》为中国古曲，又名《梅花引》、《玉妃引》。据明代朱权编辑的《神奇秘谱》记载，此曲最早是东晋时桓伊所奏的笛曲。后由笛曲改编为古琴曲，全曲表现了梅花洁白，傲雪凌霜的高尚品性，借物咏怀，通过梅花的洁白、芬芳和耐寒等特征，来颂扬具有高尚节操的人。彭女士的演奏把这些境界表达得恰到好处，只见她缓缓舒动双臂，轻展十指，在琴弦上弹拨出令人神往的乐音，其演奏缓急相宜，高下自如，表现出较高的艺术涵养。其音时而如疾风飒至，时而如雨打残花，时而又如梅花映雪怒放，婉转悠扬，使人沉浸在梅花的高洁与清逸中，陶醉于梅花的婀娜和孤傲里。我环视了一下会场，大家都在凝神静听，包括我在内，瞬间都忘记了自己是在参加一个学术会议，宛如置身于一个艺术剧场，当然我们所在的位置就叫“艺术殿堂”。虽只是瞬间，但也足够了——就是这瞬间驱散了疲劳和枯燥，缓解了一个小时的交通奔波，几个小时的学术紧张，正所谓：学术会议间文艺，穿插演奏总相宜。

此时，回想起来韩后的类似经历，感觉今天所历绝非个案，而具有普遍性——在韩国的一些会议场合，凡是在有口语文字纵横驰骋的地方，总会看到艺术演奏那活跃的身影，或独唱，或合唱，或管乐，或弦乐……形成一种独特的“会议文化”。

我又忆起 2010 年 10 月 10 日，去水原中心大教堂参加礼拜活动，得以近距离观察韩国的基督教：记得那天 11:00 礼拜开始，唱诗班开始从两侧的耳室走出，缓缓入场，人数在百人上下，男女比例大约是 2∶8，男性一身白色西装，女性一袭纯白长裙，给人以纯净肃穆之感，他们分两侧向中间移动，就像两条白色的小溪向中央汇集。此时指挥也走近了乐池，五六十人的乐班开始奏乐，一曲曲宗教音乐响起，在墙壁的五彩玻璃上环绕，在宽阔的穹顶下回荡，使人不觉进入了一种“宗教语境”。齐唱、独唱，乐声，相互交错。其后，在神父的布道中也不断地穿插有乐队的演奏和唱诗班的演唱，一般都是在 30 分钟左右的布道发言之后就有歌声和乐声，略显乏味和单调的宗教教义此时也就不那么枯燥了。当然，宗教礼拜不是学术会议，但其宣讲和布道的部分也是要说明某种道理，这和学术发言要讲清楚一个道理本质上是相通的。

2011 年 3 月 3 日，我参加了水原大学的开学典礼，典礼气氛热烈，场面隆重，校长、校董、教务长等接连致辞，连续的七八个讲话不由使人昏昏欲睡，放眼望去，新生群里已经出现了打哈欠、伸懒腰、发短信的景象——这是典型的不耐烦的信号。就在此时，会场请出了两位男女高音歌唱家，加上坐席上的合唱团的配合，表演了一首首世界名曲，顿时有些枯燥的会场被注入了活力，像干涸的田野里注入了夏季的雨水，生命的活性又重新回到那一张张青春的脸庞上……

2011年水原大学开学典礼上，乐队、合唱团已经准备到位

经历得多了才知道，在韩国不仅仅是会议，只要是有语言文字表现的地方，就有艺术演奏的活跃身影，二者相互交错，相互穿插，如影随形。而在这背后则反映出韩民族重情感抒发、重感性的生命直接体验的特性……总之，就是要在文字和音乐之间达成一种默契，在抽象与形象之间找到一种替代，在紧张和枯燥之间找到一种缓解，在理性和感性之间找到一种平衡。这就是为什么当你感觉语言文字呈现枯槁乏味之态时，艺术演奏就翩翩而来……

## 韩国“兴文化”：戏谑式幽默

一次，向韩国学生们询问何为韩国的“恨文化”，学生小宋说，老师，你知道吗，韩国不仅有“恨文化”，还有“兴文化”，“恨文化”是表达我们民族复杂的悲愤压抑的情绪，而“兴文化”则是表达我们热情奔放的精神，犹如一个硬币的两面。刚刚对“恨文化”深感兴趣的我，还是第一次听到“兴文化”这个词，一向对概念十分敏感的我不由十分好奇，就进一步问道，你能说说究竟什么是“兴文化”吗？答曰，就像“恨文化”一样，我们韩国人都知道，但又很难几句话说清楚。“兴”，首先就是高兴，最朴素的理解，“兴文化”就是要抒发高高兴兴的情绪。其次，“兴”，还意味着兴高采烈，它抒发的是一种热烈奔放的感情，韩国人看上去沉静如水，内敛含蓄，但内心却炽烈如火，这种“火”平时表现不出来，甚至被压抑着，但到娱乐环境中就会被抒发得淋漓尽致。我们韩国人喜欢“闹”，热热闹闹，一旦“闹”起来，不可收拾。“兴”，还意味着兴趣很浓，趣味盎然……哎，老师，反正我说不太好，我记得中国古代有一篇文章叫做《诗大序》，其中有“情动于中而形于言，言之不足故嗟叹之，嗟叹之不足故咏歌之，咏歌之不足，不知手之舞之，足之蹈之也”这样的句子，如果用来描述“兴文化”，或许是很恰当的。小宋是北师大中文系的本科生，在中国整整待了5年，毕业论文是关于古典文学的，她能直接引用《诗大序》中的句子，并不奇怪。从她的描述中，我大概知道了“兴文化”的内涵，就是一种内在的热烈奔放的浓烈情感由语言到肢体的尽情表达和抒发。

于是，在此后的活动中，我就事事处处留意相关的信息。我注意到，除了热情奔放的韩歌、韩舞之外，“兴文化”在韩国社会中还有一种表现，那就是戏谑、夸张与幽默。在韩国室外，到处可以看到一种“天下大将军，地下女将军”的木雕，其来源有几种说法。一是说“天下大将军，地下女将军”是朝鲜民族的一句谚语，相当于中国的玉皇大帝、王母娘娘的意思，是高丽人崇尚和朝拜的对象，据说可以给人带来好运。一般在韩国的饭店里都可以看到，上档次一点的，还会成为偶像被崇拜。二是说“天下大将军，地下女将军”是由古代朝鲜国的“长丞”而来，所谓“长丞”是旧时韩国界标、路标和洞里的守护神，一般立于道边、路口、村庄附近，人称“长丞”，或者叫“长桩”、“长生”、“长承”、“将丞”。“长丞”分松木制和花岗岩制两种，中部地区多为木制。男性“长丞”身上一般刻有“天下大将军”，女性“长丞”身上刻有“地下女将军”字样。“长丞”作为村庄的“守护神”，人们供奉它期望消灾、避邪，同时还用来标志村落之间的里程。幡杆与“长丞”一起立在村前，是希望这一垂直结构象征着天、地、人合一的通路，以祈求村庄的安宁、修好以及丰收。长丞起源很早，与朝鲜古代民族信仰有关，朝鲜时代末期仍很盛行，现在只有个别地方保留这种风俗。三是说这“天下大将军，地下女将军”就相当于中国的门神，立于门边以守护其主人。其普及得几乎无处不在，有人曾记录道：“参观的景点文义文化斋团地只是建在山城上的几处茅草房。一进山有两根埋在地里的木桩子，木庄子的顶端刻有面目狰狞的人头像，一根木桩子上写着‘天下大将军’，另一根木桩子上写着‘地下女将军’。同样的这两根木桩子在其他景点又看见多次。”这“天下大将军，地下女将军”虽大小不一，但无论在哪里，都是那种把嘴张得老大的夸张的姿态，上唇和下唇相隔得很远，上下牙的比例都很夸张，给人首先是一种滑稽、戏谑而非威严之感。这典型地反映出其民族性格中喜欢戏谑、夸张的精神基因。与这“天下大将军，地下女将军”相匹配的就是韩国到处可见的木制面具，一般是一男一女，男性龇牙而弯眉，女性温婉而微笑。这种面具在首尔的工艺品市场如仁寺洞、梨泰院等商铺，几乎是随处可见，足见其对韩国传统文化的代表程度，其给人的第一印象也是戏谑与夸张，男子嘴张得老大，眉弯如月，女的虽微展笑颜，但其脸上却涂有三个醒目的大红点，明显是故作少女状，让人忍俊不禁。与上述相匹配的物质证明还有温阳民俗博物馆展出的各种韩国面具，足有四五十种之多，大部分都是那种夸张的造型，使人感到这个民族骨子里的那种对戏谑与幽默的崇尚。

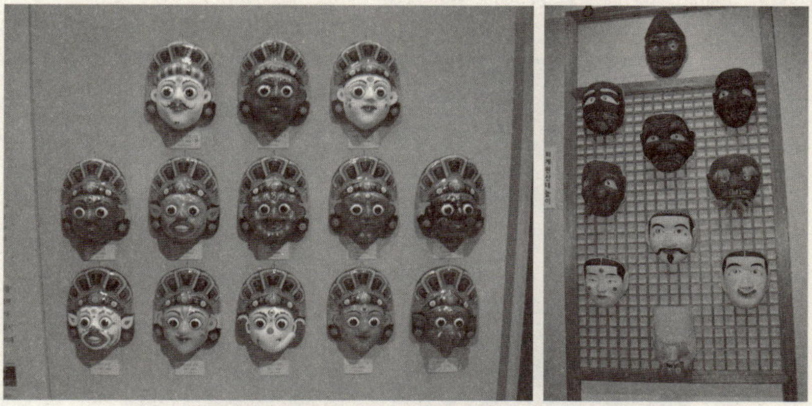

温阳温泉民俗博物馆中展示的假面系列

这种对戏谑与幽默的崇尚还表现在韩国的传统艺术中，如在前文提到的朝鲜时代著名的风俗画家檀园金弘道的作品中就存在这种戏谑与幽默。娴熟的构图、丰富的感情、夸张的表情动作，使其画风在清新中透着一股市井平民的幽默情趣。

2010年，首尔清溪川举办中日韩三国灯展，清清溪水之上，各色彩灯争奇斗艳。我注意看了一下韩国的展品，多是表现韩国民族特色的传统题材，其中不乏“兴文化”的元素。如一组表现韩国民族舞蹈的灯饰，表演者随着乐器舞动，仅一脚支撑，身体斜倾，几乎失去平衡，动作十分夸张。最典型的是一组儿童游戏的灯饰，全是戏谑与夸张的动作，如滚铁环、踢足球、撞拐、叠罗汉、踢毽子等。如两个踢毽者一人将毽子踢出，另一人接住毽子，二人全是一脚伸出，一脚支撑，身体在运动中保持平衡；又如撞拐，就是一腿单立，手抱脚踝部，以膝盖部相互撞击对方，相互嬉戏；还有叠罗汉一组，共六人，三人作为支撑，三人在上，在下作支撑者表情紧张，而在上者则略显得意……这些儿童游戏内容各异，但其脸部表情一律是那种戏谑中的夸张与幽默，在嬉戏互动中享受生活的乐趣。还有一个灯饰也是韩国艺术品中常见的一个场景：像是一对夫妇，妻子在前面跑，丈夫在后面追，奔跑中，妻子的裙裾被风掀起，飘飘凌空，而后面追赶的丈夫则很焦急，双手做捕捉的样子，但就是追不上，我现在还不知道这灯饰的名字，或许可以命名为《追老婆》。

灯饰——《追老婆》

如果说上述的还属于艺术品的话，那么下面的场面则是日常生活的真实体现。在一次中韩联谊会上，我见到一位韩国女士，气质高雅，打扮得体，看上去内敛而沉静。一问，才知道她的头衔是中韩某协会的会长。在会上，她有 15 分钟的发言。虽然听不懂韩语，但还是知道其内容大致为促进中韩交往、加强友好往来之类。那次会议分为两部分，正式会议与联欢。联欢阶段，并无节目安排，全凭即兴发挥。大家欢迎这位女会长表演节目，只见她略作谦让之后，大方登台表演，唱的好像是一首韩国传统的民歌，内容似乎很幽默。刚才还在做十分严肃发言的这位女会长，像是换了一个人，只见她紧闭双眼，双脚作踢踏舞状，急促落地有声，随着旋律，身体则不断摇摆，忽左忽右，声音也是忽高忽低，手臂还伸缩自如，指向会场四方，这种戏谑与夸张的表情动作，逗得全场人哈哈大笑，会场气氛十分热烈，一下子达到了高潮。真是标准的“咏歌之不足，不知手之舞之，足之蹈之也”，这与她的身份还有她刚才的内敛、沉静、文雅、端庄形成了鲜明的对照……

高阳花展展出的木雕，充满幽默戏谑的表情

景福宫的光化门前的石狮子脸上也带着一丝怪异诡谲的表情

这时，我恍然明白什么是“兴文化”了，从“天下大将军，地下女将军”到民俗夸张的脸谱，从檀园金弘道的那些充满情趣和幽默的庶民画作到中韩女会长的即兴歌舞，隐然有一条一以贯之的精神命脉，它不仅浓缩在历史文物和艺术中，还活在当下韩国人的心灵和身体里。

# 后记

眼前这部小书，是旅韩一年心理体验的记录。走过一地，总要留下点儿什么。俗语云：雁过留声，人过留名。在此稍加修改为：雁过留声，人过留痕。笔者乃芸芸众生之一员，普通得像沙漠中的一粒沙子，大海中的一滴水，草地上一棵无名的小草，留名不仅不可能，亦非我所愿也。苏轼有诗云："人生到处知何似，应似飞鸿踏雪泥。泥上偶然留指爪，鸿飞那复计东西。"可谓先得我心之语：我们在人生不同阶段留下的，只是或正或斜，或深或浅的偶然的痕迹，这种痕迹不仅仅是空间的、物理的，还是时间的、心理的，是一种精神之痕。

在韩一年，不短不长。

就一般观光而言，一年确实有点长，尤其是韩国与中国有着千丝万缕的联系，相同的地方很多，难怪有人说，如只是去看看，半年也够长的了；但就深入了解而言，一年的时光又嫌太短，乍到异国，人地两生，一切都要自己操心，且课务繁忙，杂事纷纭，生活如同一堆难以聚拢的碎片，如再加上各地观光，这碎片的命运就更显得分散了。更重要的是，一个民族的文化心理是深藏在其日常生活背后的，短时间难以窥透。据过来人说，来韩一年，也就是水过地皮湿，了解个大概，如要深入观察，提炼出点类似文化心理的"干货"来，至少需要两年，而我则不可能再有一年的时间。所以，尽管尽了一些努力，想较全面深入地介绍韩国社会的一些情况，但由于条件所限，就全面和深刻而言，还差得很远。就像管中窥豹一样，只看到了一些局部，这是需要广大读者理解和宽容的。其实这一点，在没动笔之前就已明白了——就算是在韩国再待上一年或更多，是否就全面、客观和深刻了呢？似乎也不敢说这个话，因为有时全面深刻和时间长短也并无关系。这本小书也是如此，它看到的韩国毕竟有限，涉及的问题也许并不具有代表性，有些分析也不无片面之嫌。

韩国是中国的近邻，各方面与中国有较高的同质性，动笔发挥的空间不是很大，但并非没东西可写。本尼迪克特在《菊与刀》序言中写道："一个部落可能有百分之九十的正式习俗与邻近部落相同，但却有可能有一小部分与周围任何民族都不相同，正是这一小部分差异体现着他们独特的生活方式和价值观念，也正是这一小部分差异最终决定着该民族的未来发展方向，尽管他们在整体中所占的比率非常小。"（《菊与刀》）同理，韩国社会可能有90%的东西与中国相似或是接近，但可能有10%的东西与其不同，而这10%的内容恰恰是要着力挖掘的，这就是隐藏在日常生活背后的文化心理，于是就有了《俭素：校训与国魂》、《初识韩国"恨文化"》，《韩国"会议文化"：穿插演奏总相宜》、《韩国"兴文化"：戏谑式幽默》等篇，力图揭示韩民族独特的民族文化心理。这些命题，都可以继续挖掘，尤其是"恨文化"这个概念，在韩文化研究中具有提纲挈领的意义，其本身就足有一本书的容量，只是目前资料恨少，积累恨薄。

怀着好感和善意，学习与吸取韩国文化中好的东西，是笔者观察韩国社会的基本态度，也是写作这部小书的基本态度。中韩关系，大方向已经确定，主流是良性的、积极的，但也不无矛盾和摩擦，甚至负面的、否定的因素。但只要以求同存异、互惠共荣的心态去积极地对待对方，就会有好的发展和结果。国家有大小，但不以此分优劣，小国如有优点，也可以成为大国学习的对象，从而使自己的国家更强大、更富强。在此，极端民族主义在韩国问题上的"两个凡是"态度，不仅解决不了任何问题，还会导致两国之间由于缺乏了解而彼此误解，有时，纠纷仅仅是细微的毫厘之差，却会由于偏激、偏见和狂热变成无法填平的鸿沟。其实，即使退一步讲，偏执和极端，对他们所狂热热爱的自己民族和国家的发育和成长也很不利，道理很简单，除了有亡我之心不死的特别阴险的敌人之外，与人为善，就是与己为善。

今天是2011年12月8日，写下了这篇《后记》，标志着润色文字、整理书稿已近尾声。遥想去年此时，身在韩国京畿道华城市的小小住所里，在想象中构思着未来的这部小书的样子：视角、方法、内容、分类、插图、照片……尽管是想象的虚拟，尽管还不知它的命运，还是充满了心理满足感，它是慰藉我远在异国他乡孤独生活的精神微风，使我平庸的生活显得很忙碌、很充实，每天起来都有一个实实在在的目标，走出屋门就是观察和体验……今天，这一切都已凝结在纸上，变成了一种“物质”现实，心里有说不出的欣慰。在此，对出版本书的暨南大学出版社表示诚挚的谢意！当然，还要感谢夫人许建，正是在韩期间及长年以来她那无微不至的照顾和细心，使我能够从容完成此书的写作。尤其是她冷静和务实的态度，及时阻止了我在韩期间的一次次“冒险”，包括2011年4月初那次想象中的镇海樱花之旅。

人生苦短，多有遗憾。雁过留声，人过留痕，飞鸿踏雪，偶留指爪，也算是对流逝岁月的一种补偿吧。岁月如歌，联结着昨天和今日，联结着这段岁月在你生命中留下痕迹的人和事。欣慰的是，旅韩这段岁月总算没有虚度。

是为后记。

刘　畅

2011年12月8日初写

2012年4月9日修改

于天津寓所

图书在版编目（CIP）数据

走读韩国/刘畅著. —广州：暨南大学出版社，2012.6
ISBN 978-7-5668-0157-9

Ⅰ.①走… Ⅱ.①刘… Ⅲ.①韩国—概况 Ⅳ.①K931.26

中国版本图书馆 CIP 数据核字（2012）第 047420 号

走读韩国

著　　者：刘　畅

责任编辑：李　艺
责任校对：黄　球　周玉宏

地　　址：中国广州暨南大学
电　　话：总编室（8620）85221601
营销部（8620）85225284　85228291　85228292（邮购）
传　　真：（8620）85221583（办公室）　85223774（营销部）
邮　　编：510630
网　　址：http：//www.jnupress.com　http：//press.jnu.edu.cn
排　　版：广州市广海照排设计中心
印　　刷：佛山市浩文彩色印刷有限公司
开　　本：787mm×960mm　1/16
印　　张：13.75
字　　数：206 千
版　　次：2012 年 6 月第 1 版
印　　次：2012 年 6 月第 1 次
印　　数：1—3000 册
定　　价：29.80 元